MUSÉE DU LOUVRE — DÉPARTEMENT DES ANTIQUITÉS ORIENTALES

TEXTES CUNÉIFORMES

Tome XV

TEXTES RELIGIEUX SUMÉRIENS DU LOUVRE

I

PUBLIÉS PAR

H. DE GENOUILLAC

81 PLANCHES

LIBRAIRIE ORIENTALISTE
PAUL GEUTHNER
13, Rue Jacob, PARIS, vie-1930

TEXTES RELIGIEUX SUMÉRIENS
DU LOUVRE
I

TEXTES CUNÉIFORMES

TOME I : THUREAU-DANGIN (FR.) — Lettres et contrats de l'époque de la première dynastie babylonienne, VIII-68 pp., 116 planches, petit in-folio, sous portefeuille, 1910.

TOME II : GENOUILLAC (H. DE) — Tablettes de Dréhem, publiées avec inventaire et tables, VIII-21 pp., 51 planches, petit in-folio, sous portefeuille, 1911.

TOME III : THUREAU-DANGIN (FR.) — Une relation de la huitième campagne de Sargon (714 av. J.-C.), texte assyrien inédit, publié et traduit, avec une carte, XX-87 pp., 30 planches dont 8 facsimilés en phototypie, petit in-folio, relié, 1912.

TOME IV : CONTENAU (G.) — Tablettes cappadociennes, publiées avec inventaire et tables, 18 pp., 70 planches, petit in-folio, sous portefeuille, 1920.

TOME V : GENOUILLAC (H. DE) — Textes économiques d'Oumma de l'époque d'Our, 4 pp., 47 planches, petit in-folio, sous portefeuille, 1922.

TOME VI : THUREAU-DANGIN (FR.) — Tablettes d'Uruk à l'usage des prêtres du Temple d'Anu au temps des Séleucides, 7 pp., 105 planches, petit in-folio, sous cartonnage, 1922.

TOME VII : THUREAU-DANGIN (FR.) — Lettres de Ḫammurapi à Šamaš-ḫâṣir, VII pp., 38 planches, petit in-folio, sous cartonnage, 1924.

TOME VIII : THUREAU-DANGIN (FR.) — Les Cylindres de Goudéa, découverts par Ernest de Sarzec à Tello, 54 planches, petit in-folio, relié, 1925.

TOME IX : CONTENAU (G.) — Contrats et Lettres d'Assyrie et de Babylonie : Contrats de Kerkouk — Contrats kassites — Contrats et Lettres d'Assyrie — Lettres néo-babyloniennes, 6 pp., 54 planches, petit in-folio, relié, 1926.

TOME X : JEAN (CHARLES-F.) — Contrats de Larsa, première série, 10 pp., planches I à XCIX, petit in-folio, relié, 1926.

TOME XI : JEAN (CH.-F.) — Contrats de Larsa, seconde série, 5 pp., pl. C à CLVI, petit in-folio, relié, 1926.

TOME XII : CONTENAU (G.) — Contrats néo-babyloniens, I, de Téglath-phalasar III à Nabonide, 4 pp., 60 planches, petit in-folio, relié, 1927.

TOME XIII : CONTENAU (G.) — Contrats néo-babyloniens, II, Achéménides et Séleucides, 4 pp., 87 planches, petit in-folio, 1929.

TOME XIV : THUREAU-DANGIN (F.) — Tablettes Cappadociennes, deuxième série, 6 pp., 41 planches, petit in-folio, relié, 1929.

TOME XV : GENOUILLAC (H. DE) — Textes religieux sumériens du Louvre, tome I, 9 pp., planches I à LXXXI, petit in-folio, relié, 1930.

TOME XVI : GENOUILLAC (H. DE) — Textes religieux sumériens du Louvre, t. II, 14 pp., pl. LXXXII à CLXXIII, pet. in-fol., rel., 1930.

MUSÉE DU LOUVRE — DÉPARTEMENT DES ANTIQUITÉS ORIENTALES

TEXTES CUNÉIFORMES

Tome XV

TEXTES RELIGIEUX SUMÉRIENS DU LOUVRE

I

PUBLIÉS PAR

H. DE GENOUILLAC

81 PLANCHES

LIBRAIRIE ORIENTALISTE
PAUL GEUTHNER
13, Rue Jacob, PARIS, VIe-1930

AVANT-PROPOS

Les deux fascicules XV et XVI des *Textes cunéiformes* du Musée du Louvre contiennent une centaine de textes religieux sumériens, trois seulement avec traduction accadienne (n°s 82, 85 et 96)[1].

Quant à la *date*, ce sont des copies de textes pour la plupart voisines de l'époque de leur rédaction qu'il faut reporter parfois jusqu'à l'époque d'Ur, le plus souvent à celle d'Isin, pour quelques-unes à la dynastie d'Amurru (dite Ire babylonienne)[2]. Ceci confirme l'induction, souvent émise par les assyriologues, que la littérature épique et religieuse de l'Assyrie remontait en grande partie, pour ses sources, au XXIe siècle avant J.-C. et au delà.

Quant au *genre*, le plus grand nombre de ces textes sont des hymnes aux dieux (surtout Ellil et Nin-urta, Innana et Utu) et aux rois divinisés (les rois d'Ur, d'Isin, de Larsa, d'Uruk et de Babylone[3]). Plusieurs autres sont des prières, des litanies, voire des conjurations (n°s 56, 63, 89); on a laissé aussi ici des textes qui, à l'examen après copie, semblent plutôt appartenir aux genres épique et historique (n°s 71, 73). Le tout donne l'impression d'une littérature officielle, sortie des écoles de scribes de Kich, Larsa et Uruk.

Au point de vue *linguistique*, ils se partagent en textes sumériens clas-

1. Deux textes ne sont pas inédits : 1° Je redonne ici, pl. XXV à XXXI, une nouvelle édition de la liste des dieux sumériens, AO. 5376, publiée dans la *Revue d'Assyriologie*, t. XX, p. 69, et 2° une copie du fragment publié par le P. Scheil dans la même revue (RA. XIII, p. 175) : ici, n° 73.

2. Il est souvent difficile de préciser l'âge de la copie, les scribes ayant parfois « archaïsé » en copiant. Les dates proposées le sont avec réserve, et je n'ai pas cherché ici à serrer de près le problème. On peut voir, sur ce sujet, RADAU, *Hilprecht Ann. Volume*, p. 388, 389.

3. Aux rois Šarru-kîn et Naram-Sin d'*Agadé* (n° 64).
Aux rois d'*Adab* (n° 80).
Aux rois non nommés dans le fragment (n°s 47 et 59).
Aux rois d'*Ur*, Ur-^{d}Nammu (n° 12).
Šulgi (n°s 13, 14, 31, 32, 44, 53 et 86).
Gimil-Sin (n° 28).
Aux rois d'*Isin*, Išme-Dagan (n°s 18, 22, 97).
Lipit-Ištar (n°s 34, 48, 65, 87, 91).
Idin-Dagan (n° 88).
Au roi de *Larsa*, Rim-Sin (n° 35).
Aux rois de *Babylone*, Hammourapi (n° 61).
Samsu-iluna (n° 43).

siques et en textes sumériens *eme-gal*[1], c'est-à-dire écrits dans le dialecte où M. Thureau-Dangin a reconnu la langue sacrée des Kalû. Sous la dynastie babylonienne, le sumérien offre des particularités syntaxiques et montre une tendance à l'écriture phonétique du radical verbal, particularités et tendance que j'ai voulu exprimer par le qualificatif « sumérien évolué », pour ne pas dire « de décadence ».

Chargé de reprendre les fouilles de Tello, j'ai renoncé, pour hâter la publication de ce bel ensemble de textes religieux sumériens, à la comparaison littéraire et à la bibliographie des textes parallèles, exception faite des hymnes en l'honneur des rois.

Je sais mieux que quiconque que mes copies ne sont pas sans erreurs, sans interprétation trop précise et inexacte de signes indécis, ou au contraire lectures indécises de signes qu'une étude subséquente pourra éclaircir. Mon excuse est que ces textes sont particulièrement difficiles, rédigés dans un style souvent obscur, parfois mal écrits et mal conservés, surtout copiés dans une écriture très fine pour exemplaires manuels. — J'ai renoncé, pour cette raison et malgré mes habitudes déjà anciennes, aux fac-similés grandeur naturelle et reproduisant les négligences du scribe. J'ai cherché en outre, en séparant les colonnes et numérotant les lignes, à rendre mes copies plus faciles à utiliser. J'espère faire un apport important à la connaissance de la religion sumérienne.

H. de Genouillac.

INVENTAIRE

(Les dimensions sont données en unités de millimètres : hauteur, largeur, épaisseur)

---

1. — AO. 3024
(Pl. I et II)

Bel hymne intact en l'honneur de Ninlil (Sukurru), relatif à sa ville (*urú*) et son temple l'*é-ki-imin* surnommé l'*é-dim-gal-an-na* (« le mât du ciel »). Sumérien dialectal.

Le début est : *urú ga-ša-an-bi-ra še-mu-un-na-*[*ga*] : trois strophes (*ki-šub-gú*) de 19, 16 et 7 lignes. Le colophon porte : « le nombre des lignes est de 42 » ; en tout, il y en a 46 + 2. Le titre (du texte suivant?) est donné : *ᵈA-nun-na-gé-ne e-en-dúr-ru-ne ùg-dúr-ru ùg-dúr-ru-na-bi ù-mu-un-e ba-bi-ib-ri bi-bi kul-la-me-en.*

Pourrait (?) remonter à l'époque d'Ur. Tablette : 135,5 × 65,5 × 29,6.

2. — AO. 3924
(Pl. III)

Litanie à la déesse Gu-NU-ra, reine d'Isin, et à Mullil (Ellil) le héros, seigneur du Pays. Sumérien dialectal.

Le début manque. Parties de deux colonnes, face et revers : 17 + 15 + 14 + 17 lignes.

Fin de la dynastie d'Isin. Fragment de grande tablette : 90,7 × 98 × 47.

3. — AO. 3925
(Pl. IV)

Hymne mentionnant le « chef des cieux » (*sag an-ne-ri-ne*), guzalu des dieux. Sumérien dialectal.

Le début manque avec le titre ; aucune ligne n'est (certainement) complète : 11 + 18 lignes.

Époque d'Isin. Fragment de tablette moyenne : 91 × 61,3 × 27,5.

4. — AO. 3926
(Pl. IV)

Hymne ou litanie adressé à Nusku (?) et Sadara-nunna « reine de Nippur », mentionnant le « patési de Nippur ». Sumérien dialectal.

Le début est mutilé : [.....] *dum dingir-imin*; deux faces de 16 et 10 lignes.

Époque de la Ire dyn. babylonienne. Fragment de grande tablette : 79,6 × 60 × 30,6.

5. — AO. 3927
(Pl. V)

Sorte de litanie ou texte magique. Sumérien dialectal.

Le début manque avec le titre; le texte est très incomplet. Deux faces de 14 et 14 lignes, dont 5 de colophon.

Fin de l'époque d'Isin. Fragment de très grande tablette : 80,6 × 59,8 × 37.

6. — AO. 4603
(Pl. II)

Prière pour l'abondance : l. 1, *pisan kaš gál-la gi-a-laḫ*[4] *ib-.....*; l. 5, *li-ès-tar-tar-ri-en*.

Le début d'une deuxième prière est mutilé (f. l. 17). En tout, 19 + 9 lignes.

Époque d'Isin ou de la Ire dynastie babylonienne. Tablette : 98 × 62,6 × 30.

7. — AO. 4650
(Pl. VI)

Hymne (*sir-gid-du*) à Nin-urta (Ninib) : le titre se lit à la fin.

Début : *ur-sag dumu-nir-gál* *dEl-lil-lá* : 23 + 23 lignes. Le bas de la face et le début du revers sont fragmentaires.

Époque d'Isin ? Tablette : 97,5 × 57,5 × 31,4.

8. — AO. 5374
(Pl. VII à XVIII)

Grand hymne sumérien dialectal à Dumu-zi, en 13 chants.

Début : *ù-mu-un-e dumu-nun-gal-an-ki-šù maḫ-ám*. Deux faces : 3 + 3 colonnes, 44 + 49 + 45 + 52 + 32 + 42, soit 264 lignes, plusieurs doubles. En marge, le compte de (4 × 60) + (2 × 10) + 4 lignes.

Époque d'Ur ou début d'Isin. Grande tablette : 234 × 160 × 46,8.

9. — AO. 5375
(Pl. XIX à XXIV)

Grand hymne à Ellil, exaltant le dieu national de Sumer, son pouvoir, son temple, etc.

Le début manque. Deux faces : état actuel, 38 + 42 + 45 + 51 + 55 + 40 lignes.

Époque d'Ur. Grande tablette : 229 × 154 × 43.

10. — AO. 5376
(Pl. XXV à XXXI)

Grande liste de noms divins sumériens [publiée pour la première fois dans RA. XX, p. 89]. Cette présente copie apporte des corrections (voir RA. XXV, 133); on a aussi essayé de rendre plus facile à consulter ce document capital pour la connaissance de la théologie sumérienne.

Deux faces, 5 + 5 colonnes : 50 + 47 + 46 + 49 + 49 + 47 + 5[0] + 47 + 5[0] + 38 lignes.

Époque d'Ur ou d'Isin. Grande tablette : 204 × 135 × 35.

11. — AO. 5377
(Pl. XXXII et XXXIII)

Litanie héroïque en l'honneur de [Marduk] sous les noms d'Asar-lù-sár et d'En-bi-lu-lu, et en l'honneur de Nabû sous ceux de Mu-ṣi-ib-ba-sa'-a et de Sukkal-maḫ,

Le début n'est pas complet. Le revers est presque entièrement illisible. — En marge et dans le texte, quelques gloses (*ur-u-ag*).

Deux faces : 43 + 1 lignes; reste de 37 lignes.

Fin de l'époque d'Isin. Grande tablette : 189 × 103 × 32, 3.

12. — AO. 5378
(Pl. XXXIV à XXXVII)

Hymne au temple d'Ur « sanctuaire de la royauté », demeure d'Ellil, etc. Chant (*šag-sal*) d'Ur-Nammu [hymne B dans ma bibliographie des hymnes aux rois], roi d'Ur (l. 115), organisateur de la justice en Sumer et Accad (l. 28, 34, 38), génie bienfaisant de la ville (l. 31, 51), prédestiné par Ellil pour régir le Pays comme Utu lui-même (l. 46), frère de Gilgames le Grand (l. 112), vainqueur de Gutiu (l. 90), restaurateur du « canal royal » (l. 103) et des quais « où coulent le vin et le miel pour Ellil » (l. 106), fondateur du *gi(g)-unu* tout tissu d'or et de pierreries. — (Dès la l. 19, le roi se chante lui-même.) — Sumérien.

Début : *urú me-du(g)-du(g)-ga bara-maḫ nam-lugal-la*
èš uri-ki gú-gal Sumer-ra ki-ku(g)-ga-dù-a.

Deux faces, 2 et 2 colonnes : 27 + 25 + 33 + 31 lignes ou demi-lignes : 115 lignes (1 + 4 manquent).

Fin de l'époque d'Ur. Grande tablette : 130 × 104 × 36.

13. — AO. 5379
(Pl. XXXVIII à XXXIX)

Hymne en l'honneur de Šulgi (l. 48) rentrant triomphant dans sa ville : le texte célèbre la protection des *utukku* et des *šêdu*, la prospérité, la préservation (?) des Guti (l. 13), les travaux royaux, les fêtes, les sacrifices, les titres du roi; il se termine par des vœux. Sumérien évolué. Hymne I de Šulgi.

Début : *ur-sag kala(g)-e .. uru-na mu-gi'*
nig Šumer-ra ba-a-gu-ul-la, kur-ra mi-ni-gu-ul.

Deux faces, 3 et 1 colonnes : de petites cases, dont le total (57) est donné.

Tablette moyenne (2 angles brisés) : 142×99×52 !

14. — AO. 5380
(Pl. XL à XLII)

Hymne (appelé *li-du*, « cantique ») en l'honneur de Šulgi, roi d'Ur. Sumérien classique.

Le poème chante l'œuvre du roi et ses titres à la bienveillance des dieux : la col. II, l. 10-14, parle de musique sacrée (*li-du, balag ?, giš-al ?, sir-gid-da, ša, gi-gid ?*) et d'œuvres pies pour l'Ekur ; les col. III à VI sont en mauvais état. Hymne G de Šulgi.

Le début devait être : *^{d}Ellil ki-šar-ri, šibir kalam šu-gi-en-ni šu-du*[8].

Deux faces, 3+3 colonnes : état actuel, 22 + 20 + 19 + 19 + 23 + 20 + (2) lignes, soit 125. Au bas de la colonne V, on lit « 48 » !

Époque d'Ur. Grande tablette : 160×112×43,5.

15. — AO. 5381
(Pl. XLIII à XLVI)

Hymne à Mullil et Ninlil, où il est question des sanctuaires de ces dieux dans les villes de Sumer et Accad Ur, Uruk, Lagaš, Umma, Kiš, Isin (col. II, 3, 6, 10, 12, 14, 18) ; la strophe IX est une répétition de « *au jour où*... ». Sumérien dialectal. XII strophes.

Deux colonnes sur chaque face : la première colonne débute par le refrain incomplet ; les col. III et IV donnent les strophes VIII et IX incomplètes. État actuel, 15' + 23 + 21 + 15 lignes ou bouts de lignes.

Époque d'Isin ou de la Ire dynastie de Babylone. Grande tablette : 118×139×37.

16. — AO. 5382
(Pl. XLVII et XLVIII)

Hymne bilingue en l'honneur d'Ištar : ...*gašan kur-kur-ra-ge = bêlit matata* !.... Sumérien dialectal avec traduction interlinéaire partielle en babylonien.

Deux faces : 33 + 27 lignes simples ou doubles ; écriture très fine.

Époque de la Ire dynastie de Babylone, ou plus récente encore.

Grande tablette : 129,5×75,4×34,8.

17. — AO. 8848
(Pl. CLII)

Hymne en l'honneur de Nanna « mon père : *a-a-mu* », dont « le brillant éclat est la tiare d'Ur ».

Début : *dingir dingir-ri-e-ne di-ne in.....* Sumérien classique.
Une face de 11 lignes.

Tablette : 76,2×70,7×29,6.

18. — AO. 5383
(Pl. XLIX à LII)

Hymne à Ellil et Išme-Dagan, roi d'Isin ; plusieurs notations de musique à cordes. Cet hymne (« Išme-Dagan J » dans ma liste) est différent de onze autres au même roi. La fin est rédigée en sumérien dialectal. Même cycle que UMBS. X, 2, nº 14.

Le début manque ; le premier refrain est : *a-a* ^{d}*Ellil* ^{d}*Iš-me-*^{d}*Da-gan-na nam-sib kalam-ma mu-ne-sum-ma ul-zu ḫe-ag-e.*

Deux faces à 2 colonnes : 32' + 23' + 34' + 34' + x + 3 (tranche) lignes.
Époque de la Ire dynastie babylonienne. Grande tablette : 129×106,4×40,4.

19. — AO. 5384
(Pl. LIII et LIV)

Bel hymne en l'honneur de Nin-urta avec mention de « son héros » Ur-^{d}Nin-urta, le roi d'Isin (hy. A). Mêmes notations musicales : *sa-gid-da-ám, sa-gar-ra-ám, šà-ba-tuk-ám, bar-sud-ám* (et *bar-sud II kam-ma*), *giš-ge'-gál-bi-im* qu'on retrouve dans l'hymne, VAT. 7025, à Lipit-Ištar, étudié par H. Zimmern (KSGW., 1916, f. 68, nº 5) ; l'hymne est du même genre (cp. la dernière ligne de AO. 5384, *ur(u)-ru-bi-im a-da-ab* ^{d}*Nin-urta-ka-kam*, et VAT. 7025, III, 7).

Début : *ur-sag muš-mer-ri ni-né-dirig-gal,* ^{d}*Nin-urta mar-ḫur-šù zi(g)-ga.* Sumérien classique.

Deux faces : 30 + 33 lignes.
Copie de l'époque d'Isin. Grande tablette : 134,5×78,9×33,6.

20. — AO. 5385
(Pl. LV et LVI)

Bel hymne en l'honneur de Nin-ḫur-sag et Nin-ka-si. Sumérien classique.

Début : *a-zal-li ù-tu(d)-da.....*
^{d}*Nin-ḫur-sag-gá-gé sal-zi-ne.....*
^{d}*Nin-ka-si a-zal-li ù-tu(d)-da*
a-a-zu ^{d}*En-ki en* ^{d}*Nu-dim-mud-e*
ama-zu ^{d}*Nin-ti ! nin-abzu-a.*

Deux faces : 37 + 39 lignes.
Époque d'Isin. Grande tablette : 145×61,7×32.

21. — AO. 5386
(Pl. LVII et LVIII)

Hymne et prière à Nanna. Sumérien classique : *bal-bal-e-*^{d}*Nanna(r).*

Deux faces : 31 + 29 + 2 lignes.
Époque d'Ur (?). Grande tablette : 137,7 × 67,5 × 35.

22. — AO. 5387
(Pl. LIX)

Hymne avec indications musicales (*sa-gid-da-àm*, *giš-ge'-gál sa-gid-da-bi-im*), en l'honneur d'Ellil, et prière pour Išme-Dagan (hy. A du roi).
Le début n'est pas complet : .....*im-u*[3] *nun-dingir-ri-e-ne*
.....*me-šar-ra-ma* *ku-gar*.
Deux faces, l'une très fragmentaire : 21 + 25 lignes ou bouts de lignes.
Époque d'Isin. Tablette moyenne : 140 × 72 × 34.

23. — AO. 5388
(Pl. LX et LXI)

Hymne à Nergal (Né-iri-gal).
Deux faces : 30 + 28 lignes.
Début : *en im-kár* [*an-ki* *kalam-na*].....
Époque d'Isin. Tablette moyenne, endommagée : 133 × 67,5 × 32,5.

24. — AO. 5389
(Pl. LXII)

Fragment mythologique (?) en l'honneur de l'oiseau divin Im-gi(g), l'aigle de Ninurta. Sumérien classique.
Début : *giš-kaš* (?) *giš-li* *giš-ḫab-šu-na-ka* *ba-ab-ag*.
Deux faces : 16 et 14 lignes.
Époque d'Isin (?). Tablette brisée en bas : 92,5 × 64,4 × 29.

25. — AO. 5390
(Pl. LXIII)

Chant (*bal-bal-e*) en l'honneur de Nin-giš-zi-da, « héros des combats », fils de Nin-a-zu et de Nin-gìr (« sa mère bien-aimée est Nin-gìr »). Sumérien classique.
Début : [*ur*]-*sag* *en-šà-du* *a-qar-ri* *maḫ-kur*.....
^{d}*Nin-giš-zi-da* *ṣir-maḫ* *ušumgal* *a*.....
L'hymne finit par une doxologie : « gloire au père Ellil ».
Deux faces : 21 + 15' (compris le titre) lignes.
Époque d'Isin. Tablette moyenne : 120 × 70 × 29,5.

26. — AO. 5391
(Pl. LXIV et LXV)

Hymne en l'honneur de Nergal (Né-iri-gal), le « héros ». Sumérien classique.

Début incomplet : ..... *ni-il-šub* *^{d}Ellil-lá*
..... *pal-šù* *ka-gar-ra.*
Deux faces : 27 + 29 lignes (face antérieure en mauvais état).
Époque d'Isin. Tablette endommagée : 125,5 × 64 × 35,5.

27. — AO. 5392
(Pl. LXVI)

Petit hymne à Ellil (Nu-nam-nir), « père qui engendre, qui nourrit et abreuve ». Sumérien classique.
Début : *ša(g)-dagal-sud-ud* *nig-nam.....*
Deux faces : 12 + 2 lignes.
Petite tablette : 70,5 × 60 × 25,8.

28. — AO. 5393
(Pl. LXVII)

Hymne en l'honneur de ^{d}Gimil-^{d}Sin, roi d'Ur (hy. C). Sumérien classique.
Le début manque.
Deux faces à 2 colonnes : 21 + 23 + 7 + 15 lignes.
Époque d'Ur ou d'Isin. Tablette moyenne (le haut manque) : 94 × 54,7 × 30.

29. — AO. 5394
(Pl. LXVIII)

Hymne au dieu des céréales Ezinu (Ašnan), célébré dans ses attributs. Sumérien dialectal.
Début : *še-šeg^{6}-gá.....*, *gub-ba-zu.....*, *ezen-zu.....*
Deux faces : 18 + 19 lignes.
Époque d'Isin (?). Tablette moyenne : 83,3 × 65,3 × 32,8.

30. — AO. 5395
(Pl. LXIX)

Chant de gloire (*zag-sal*) à Nanna, le héros de Sin. Sumérien classique.
Début : *en ka-zal an-na* *...da-e ḫe-du^{7}*
^{d}Nanna(r) si-ùg-na-ri *me-ka-su(d)-su(d)*
Lugal ud še-ir-zi *men-uri-ki-ma.*
Deux faces : 15' + 17' lignes.
Époque d'Isin (?). Fragment de tablette : 66,5 × 69 × 30,5.

31. — AO. 5396
(Pl. LXX)

Hymne à Šulgi (hy. II). Sumérien classique.

Deux faces : 14 + 13 lignes.
Époque d'Ur — Fragment de tablette : 68,5 × 60,2 × 30,3.

32. — AO. 5397
(Pl. LXXI, *a*)

Hymne à Šulgi (hy. O) avec indications musicales [*sa*]-*gid-da-ám*, [*sa*]-*gar-ra-ám*. A la fin, ...*kù-ta ug-dim gu-piš-ša*. Sumérien dialectal.

Deux faces : 12 + 8' lignes. Partie de colophon.
Époque d'Ur. — Fragment de tablette : 69 × 57,3 × 33.

33. — AO. 5471
(Pl. LXXI, *b*)

Six lignes d'un hymne en sumérien classique : une seule face.
Époque de la Ire dynastie de Babylone. — Tablette : 47,9 × 69,5 × 21.

34. — AO. 5473
(Pl. LXXII et LXXIII)

Hymne en l'honneur de dLipit-Ištar (hy. C), roi d'Isin. Sumérien classique.
Le début manque. Tableau idéal de la famille sous un bon roi (l. 64 à 86).
Deux faces à 2 colonnes : 23 + 23 + 26 + 22 lignes plus ou moins complètes.
Époque d'Isin. — Tablette fragmentaire : 105 × 62,6 × 31,5.

35. — AO. 6019
(Pl. LXXIV et LXXV)

Bel hymne en l'honneur de Rim-Sin (roi de Larsa) « auguste citoyen de Nippur », vantant sa vocation par Ellil et sa bonté pour les pauvres (l. 14). Vœux pour le roi : l'abondance est symbolisée par « le miel et le beurre ».

Début : *dEllil lugal-an-ki nig dù(g)-ga-ni zi-enim-ma-ni.....*
Deux faces : 13 + 12 lignes simples ou doubles.
Époque de Larsa. — Tablette presque entière : 121,4 × 75,3 × 28,4.

36. — AO. 6020
(Pl. LXXVI et LXXVII)

Hymne en l'honneur de la « plaine », de l'agriculture, et des dieux de l'agriculture. Sumérien évolué.

Début incomplet.
Deux faces : 28 + 34 lignes.
Fin de l'époque d'Isin. — Tablette : 121,3 × 64 × 32, 6.

37. — AO. 6315
(Pl. LXXVIII)

Fin d'une litanie à un dieu non nommé, évoquant sa famille. Sumérien classique.

Revers mal conservé : 16 lignes. Colophon de 4 lignes indiquant le total de 35 lignes des deux faces.

Époque de Larsa ? Tablette crue : 103,4 × 56 × 24,7.

38. — AO. 6316
(Pl. LXXIX)

Texte obscur en sumérien dialectal (?).

Le début est incomplet : formules répétées.

Le revers n'a que 3 lignes ; en tout, 13 lignes.

Époque de la Ire dynastie babylonienne. Tablette : 123 × 97 × 24,5.

39. — AO. 6330
(Pl. LXXX et LXXXI)

Texte religieux très remarquable (rituel ?) relatif au nouvel an et à l'*Akitu*: cinq séries de bénédictions (u^6*-da-mu V kam-ma ga-ra-ab-sum*). Exemple :

ki-e-dè-dè (pour *ki-e-dè-di, kidudu* (?), « rite ») *ḫul-ḫul-e-gar-ra*
ki-ág šà ki-ág la-la mu-ge^4*-*ge^4*-dú(g)* : l. 43 et 44.

Deux faces : 27 et 24' lignes.

Époque de Babylone (?). Tablette recuite, fragmentaire, 103,7 × 55,2 × 24.

AO. 3024 F.

AO.4603.F.

AO.3924, 3925, 3926, 3927
voir aux 3 pl. sv.

AO.3024.R.

AO.4603 R.

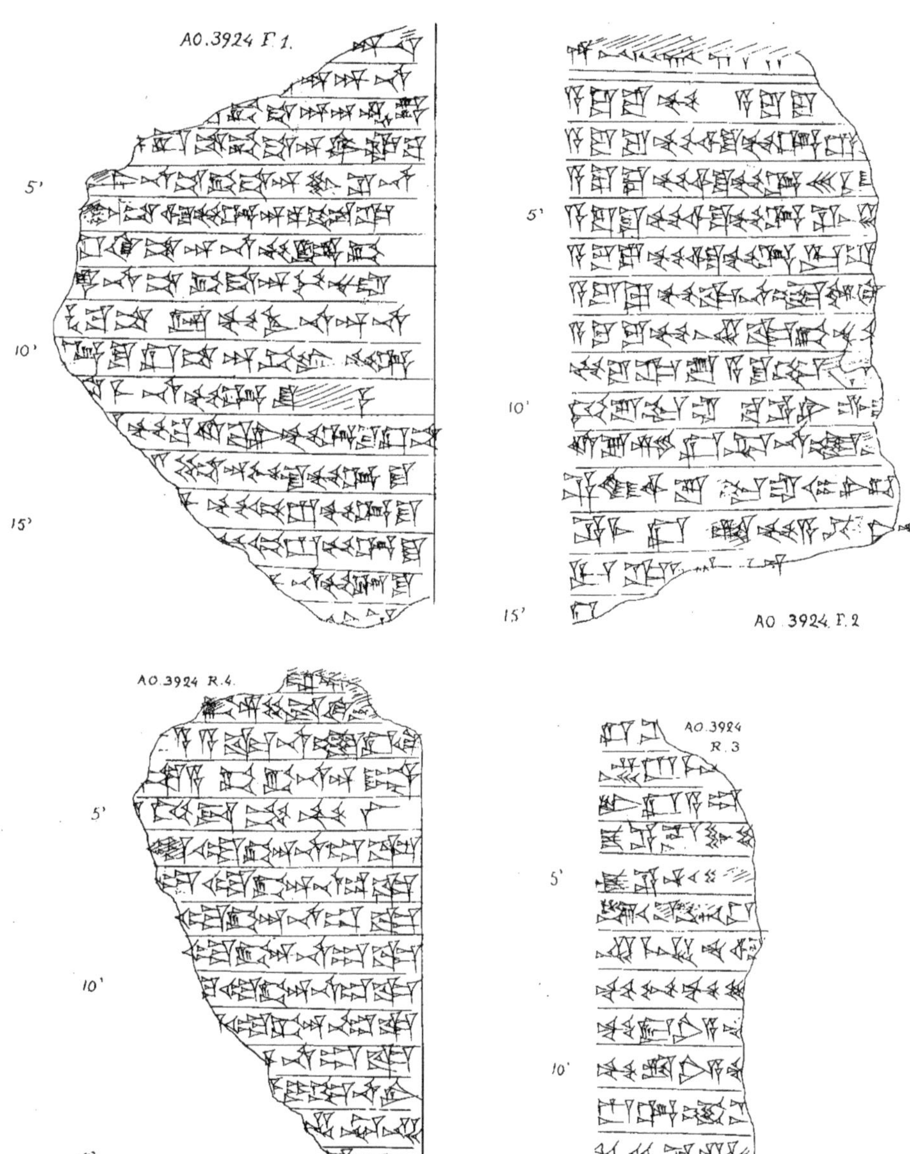
AO. 3924 F. 1.
AO. 3924 F. 2
AO. 3924 R. 4.
AO. 3924 R. 3

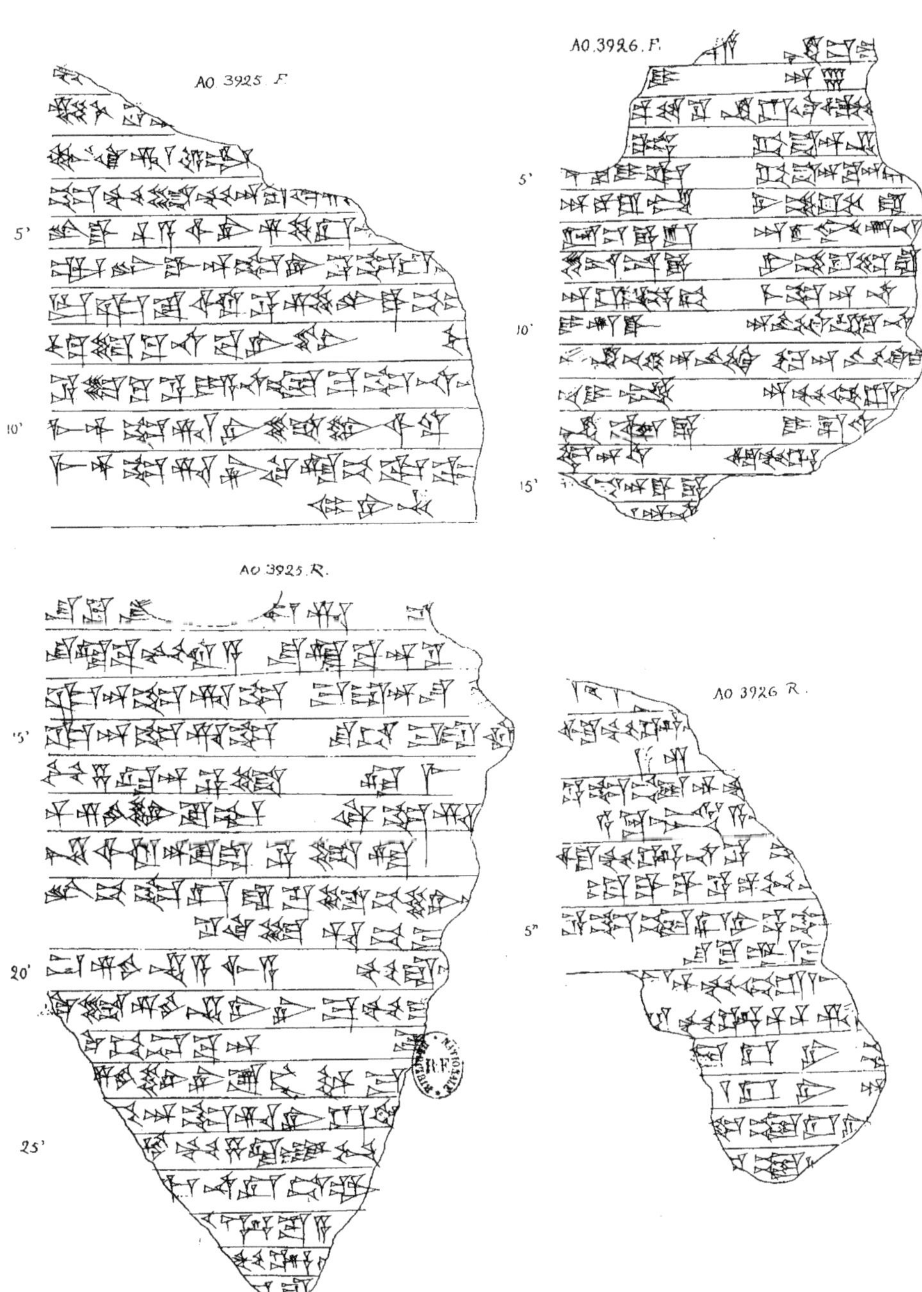
AO 3925 F.
AO 3926 F.
AO 3925 R.
AO 3926 R.

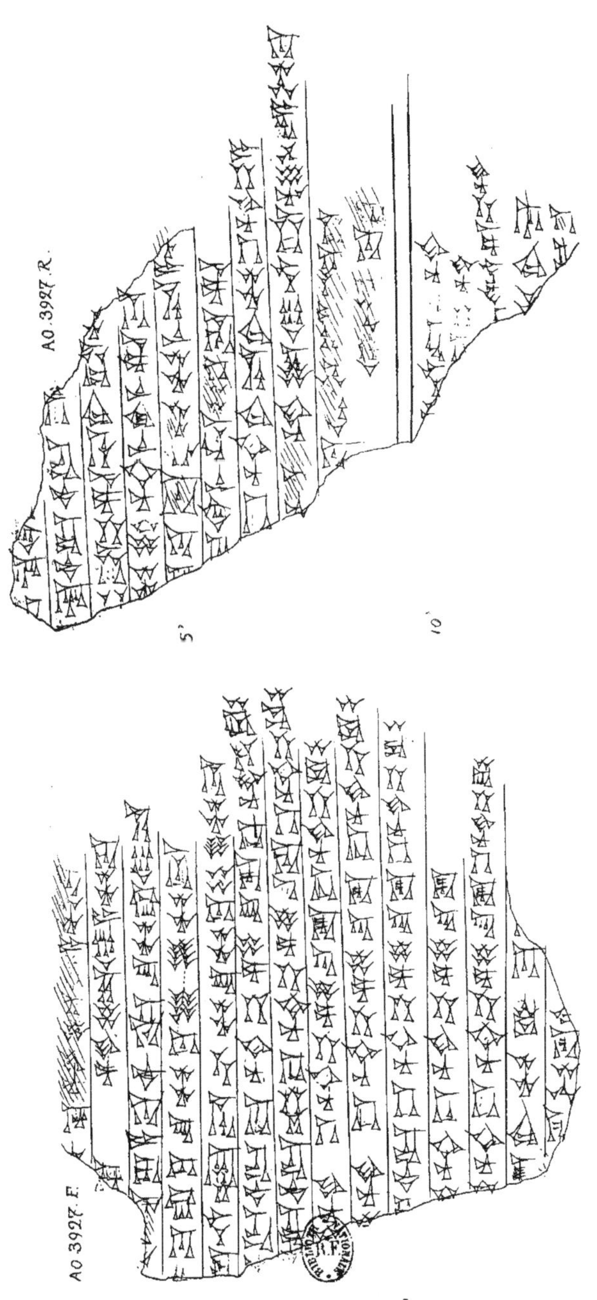
AO 3927 R.
AO 3927 F.

AO.4650 R.

AO.4650 F.

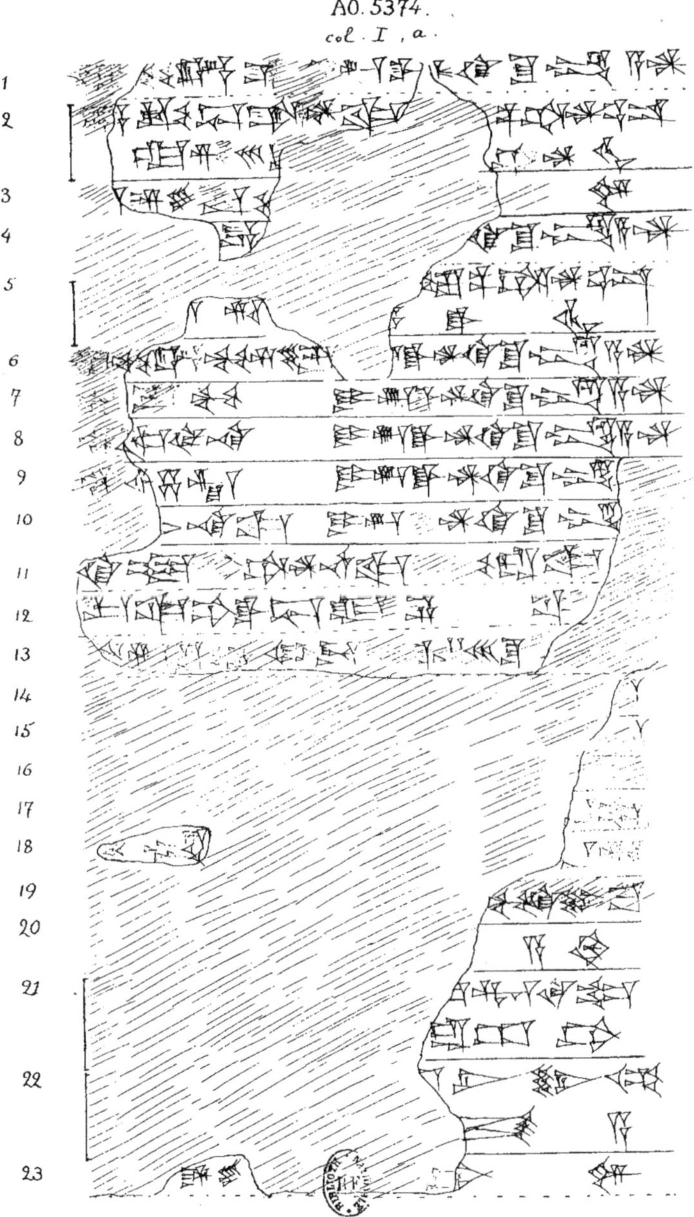
AO. 5374.
col. I, a.
1
2
3
4
5
6
7
8
9
10
11
12
13
14
15
16
17
18
19
20
21
22
23

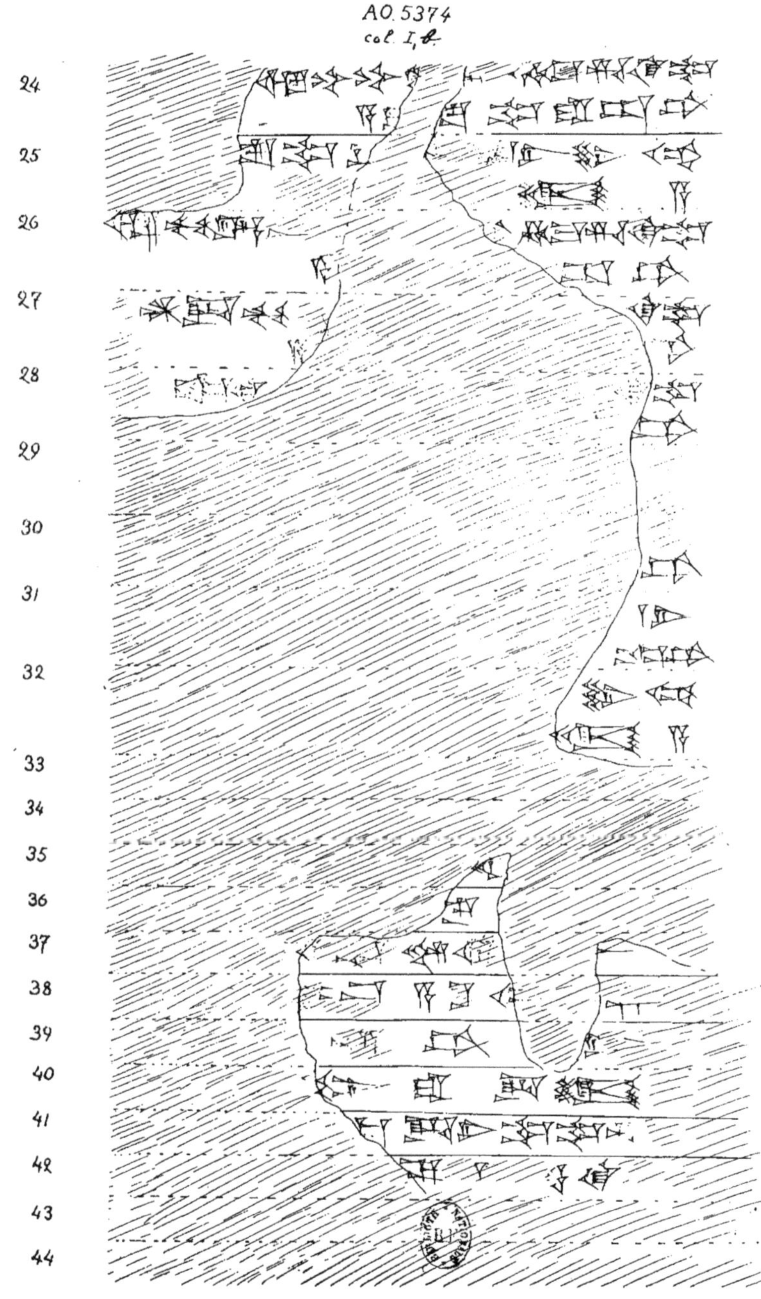
AO. 5374
col. I, b.
24
25
26
27
28
29
30
31
32
33
34
35
36
37
38
39
40
41
42
43
44

AO. 5374.

col. II. a.

AO. 5374

col. II b.

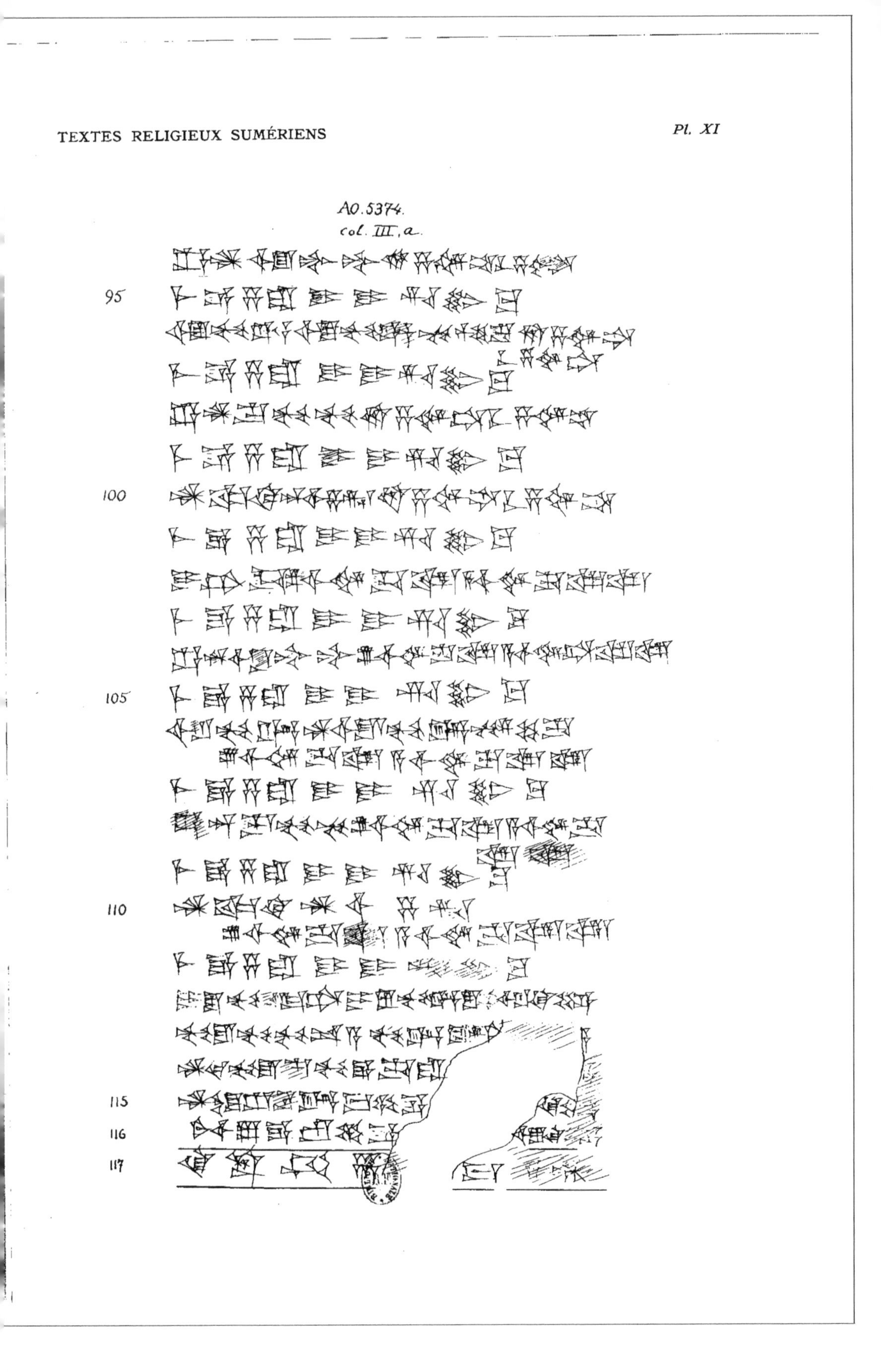

AO. 5374.

col. III, a.

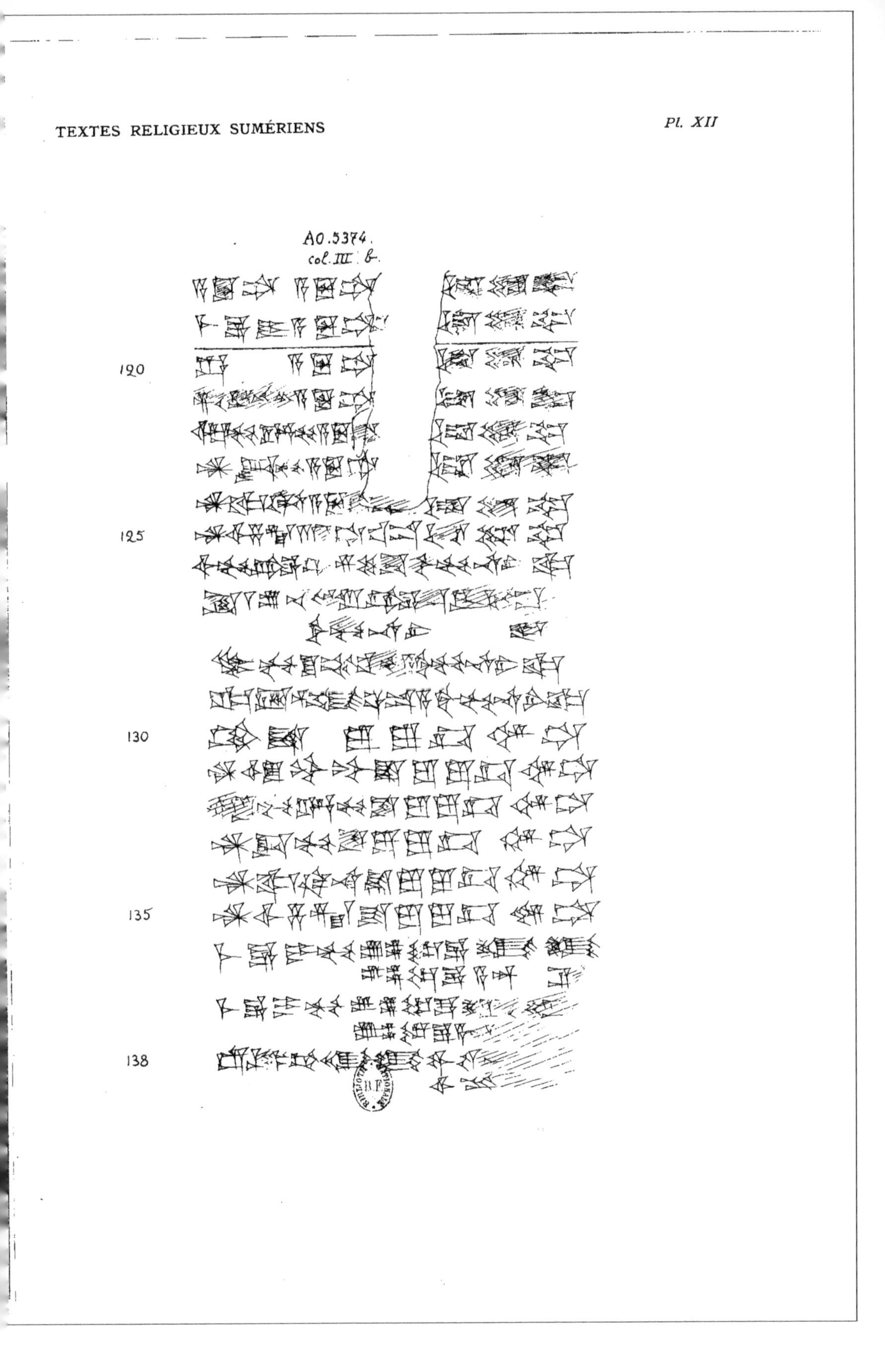

AO.5374.
col. III b.

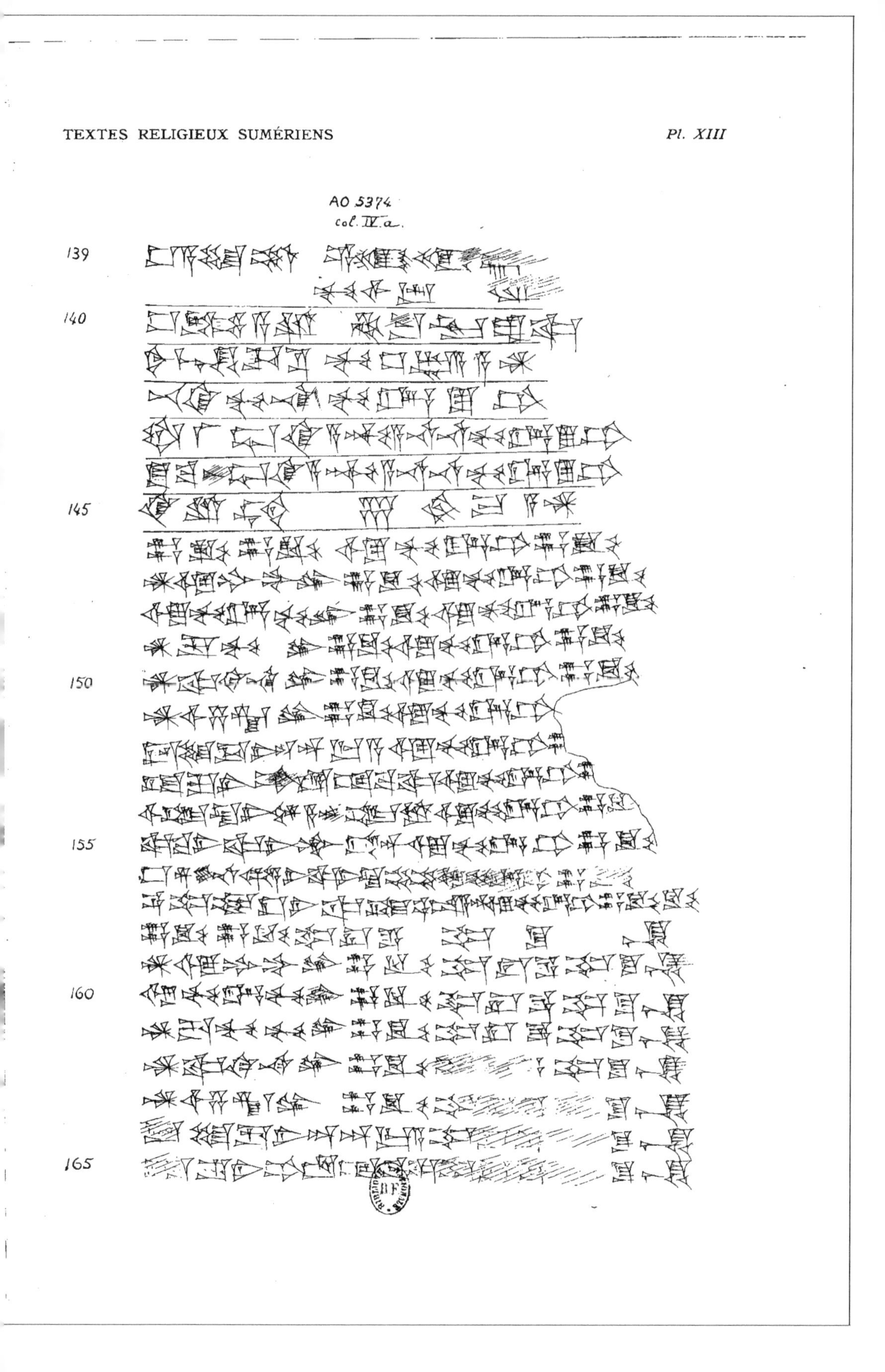

AO 5374
col. IV a.

AO.5374.
col IV. b.

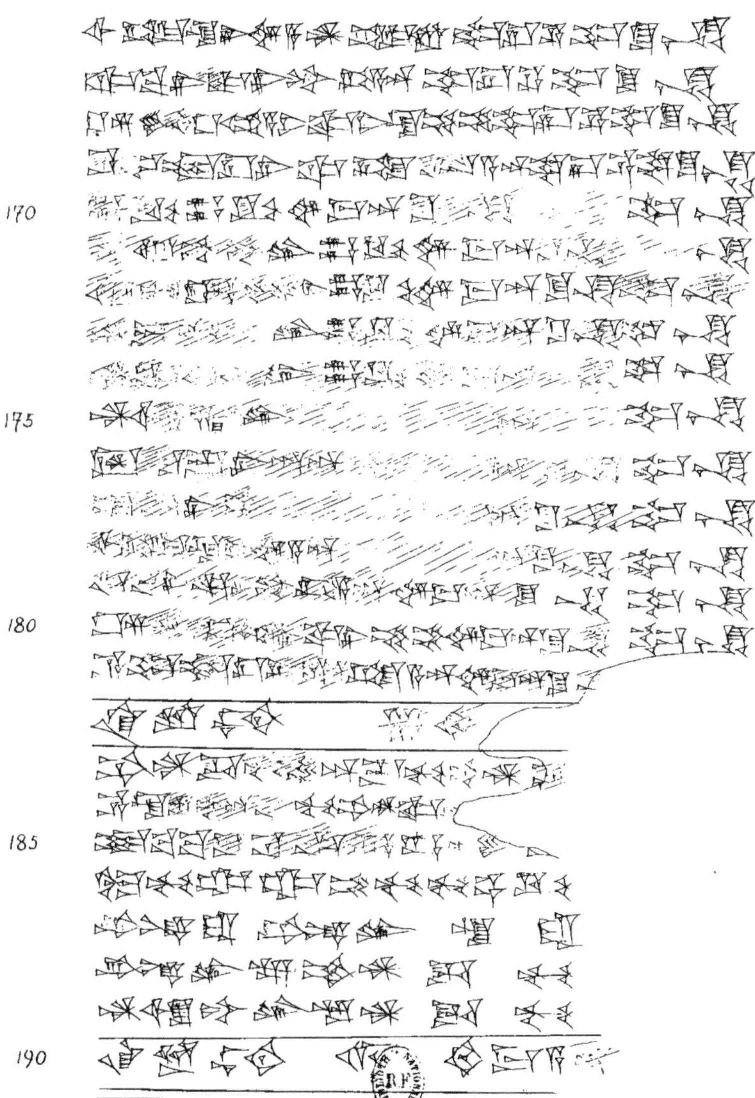

AO. 5374. col. V. a

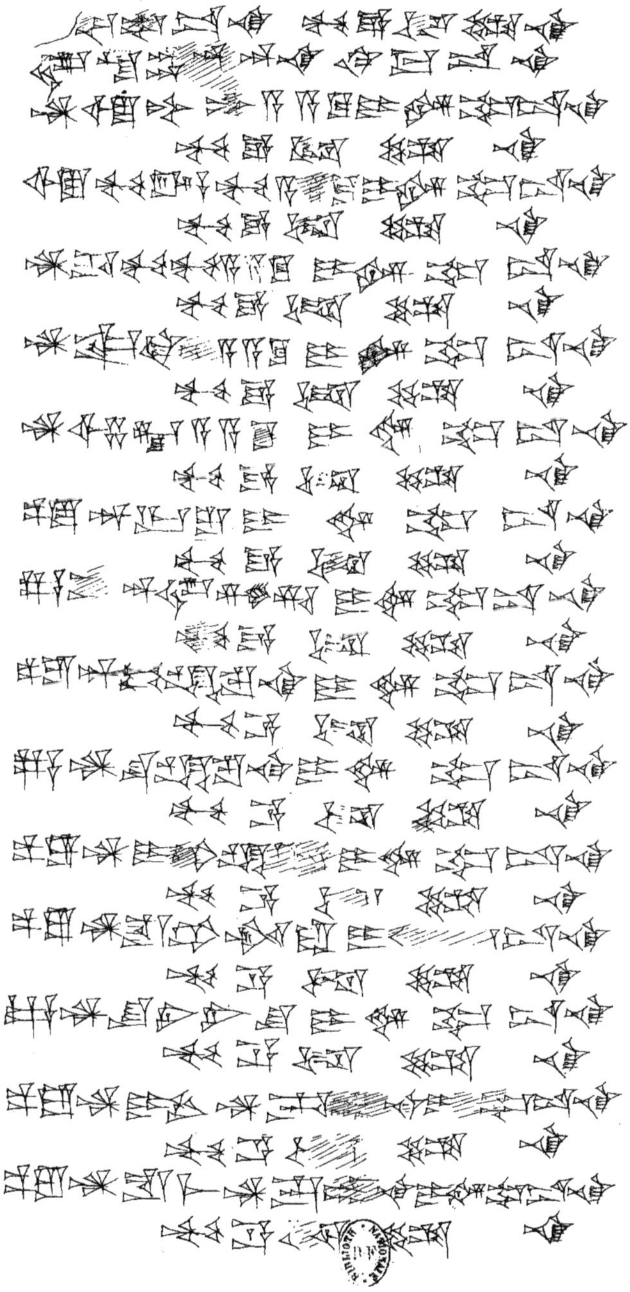

AO .5374

col. V. b.

AO. 5374. col. VI a.

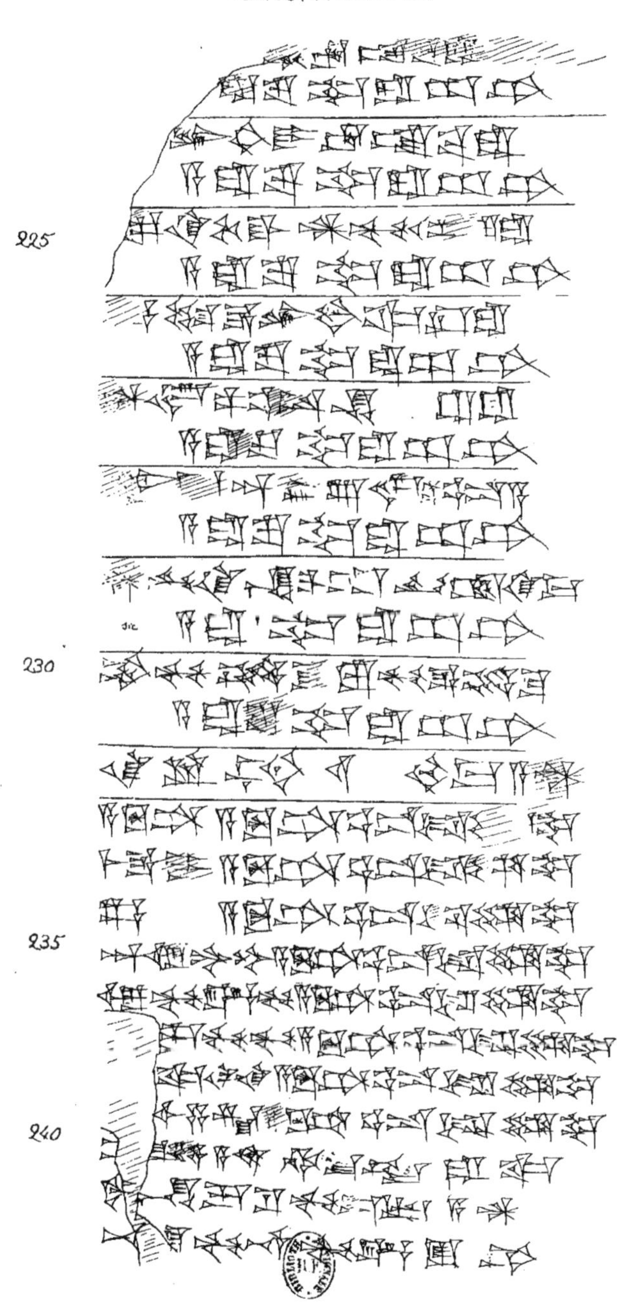

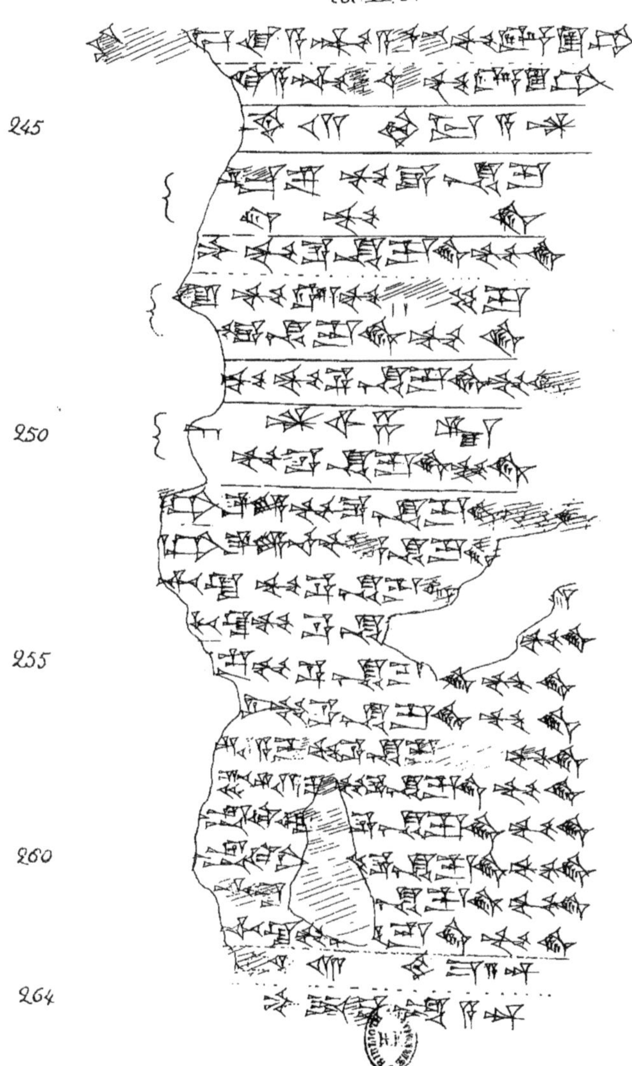
AO. 5374
col. VI. B-

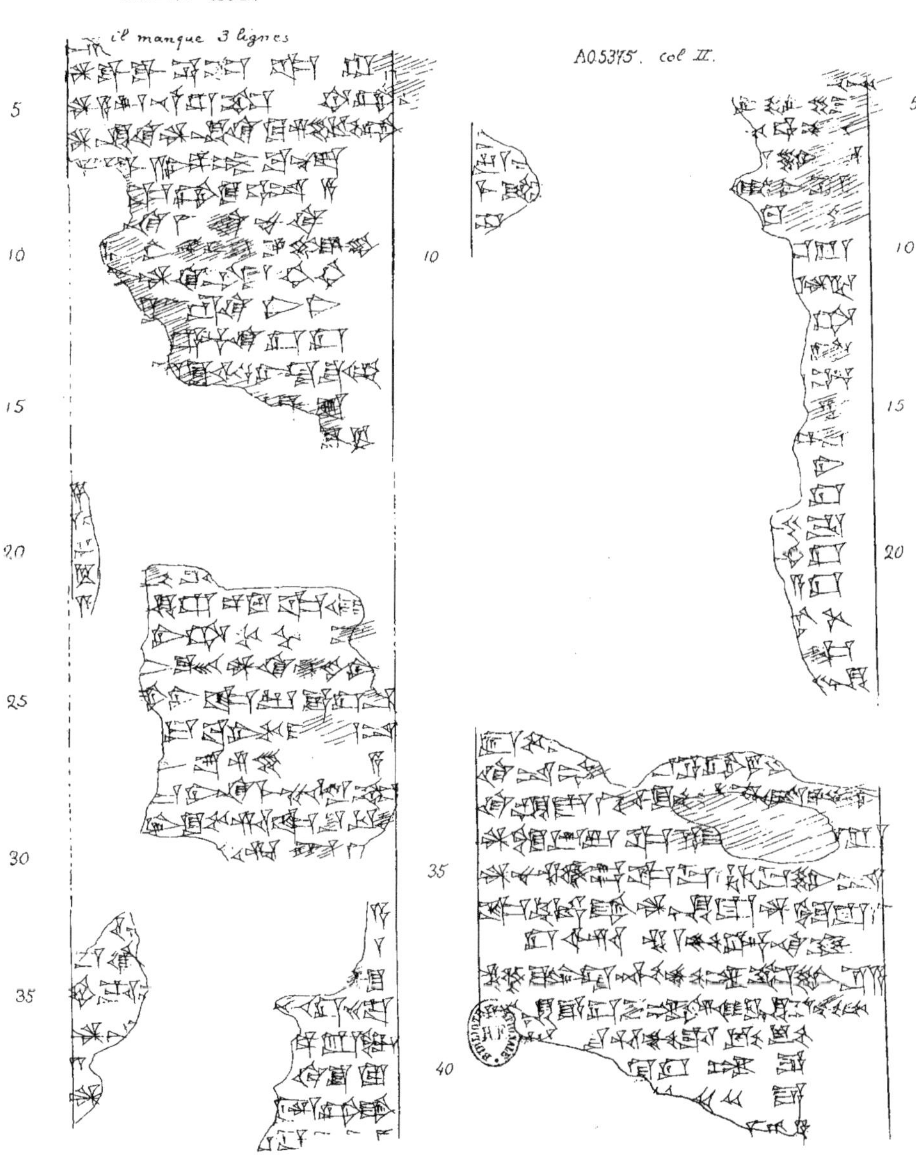
AO. 5375. col. I.
il manque 3 lignes
AO 5375. col II.

AO. 5375
III F.

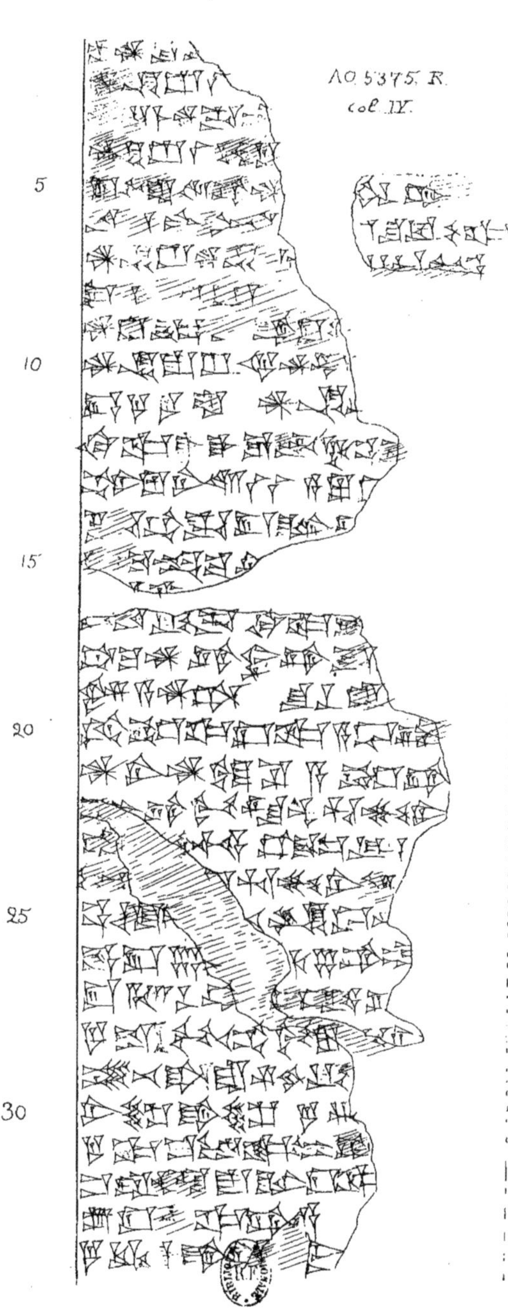
AO 5375 R.
col. IV.

AO. 5375.
Col. IV R.
suite

col. V. R.

AO 5375
col V. R

col. VI R.

AO 5375.

AO. 5376 F I

AO. 5376 F II a

AO. 5376 F. II. b.

AO. 5376 III.

AO 5376. F. IV

AO 5396 F. V a

AO 5376. V b

AO. 5376. VI a.

AO. 5376. R. VI. b.

AO. 5376. R. VII.

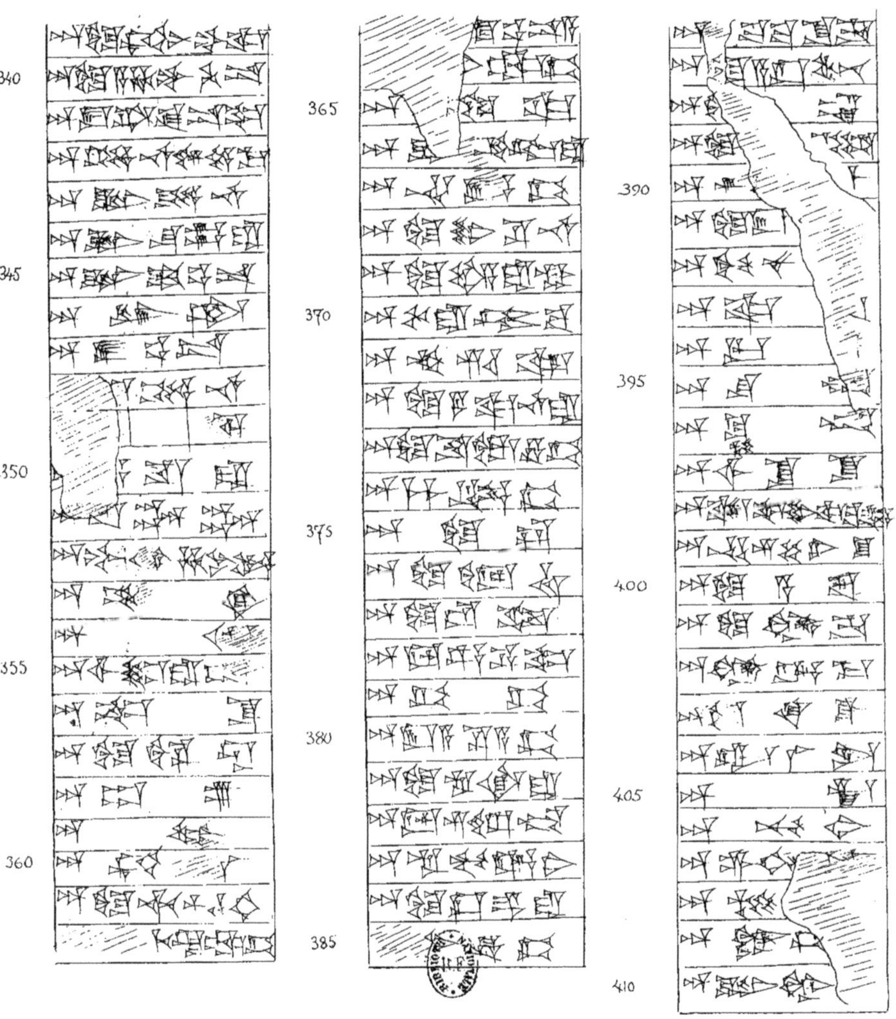
AO.5376 R. VIII
AO.5376 R. IX a.

AO. 5376 R. IX. b

AO. 5376. R. X

AO.5377.R.

AO. 5377 R.

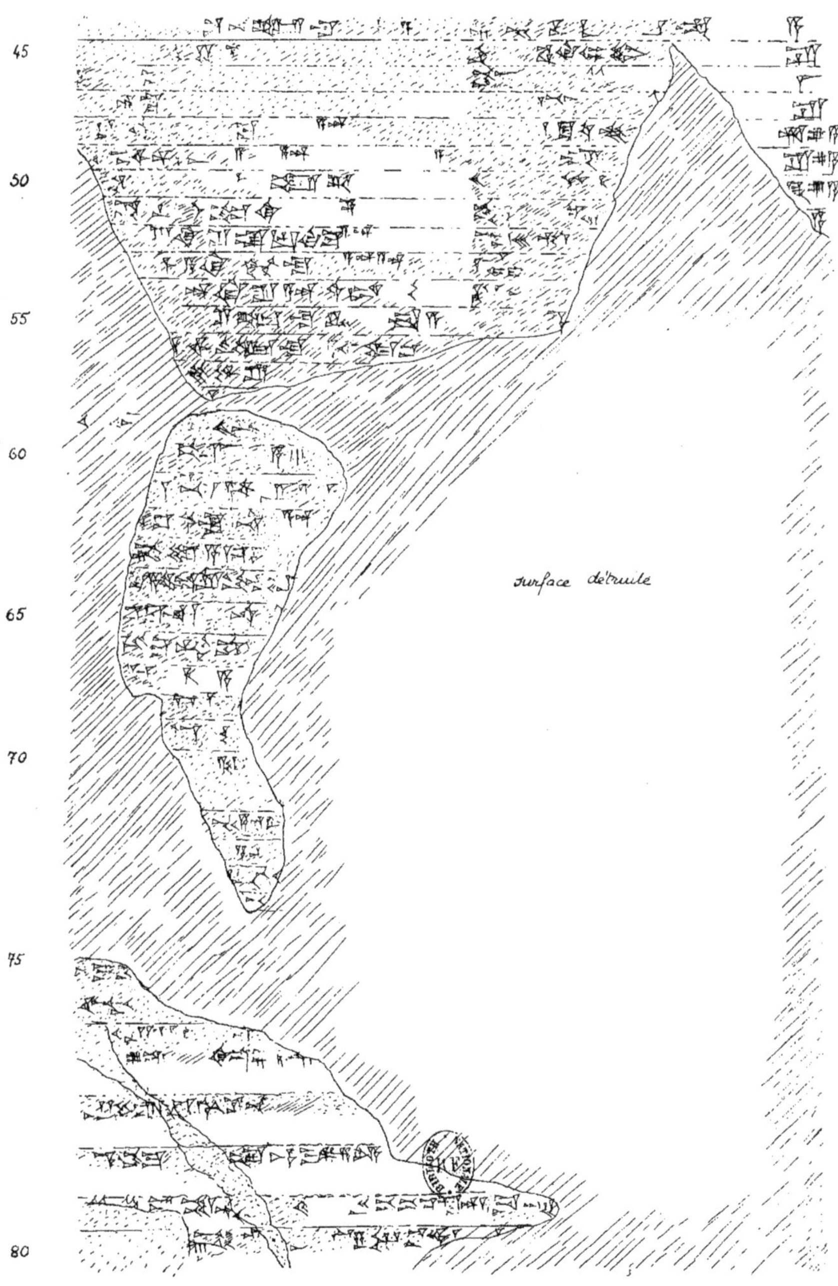

AO. 5378. *F. col. I*

AO 5378 *col. II r*

AO 5378, col. III. R.

AO.5378
col. IV
R

ou

AO 5379 Col. I.

col. II F.

AO. 5379

col. III.

col. IV.

AO 5380 col. II F

AO 5380 col. I F

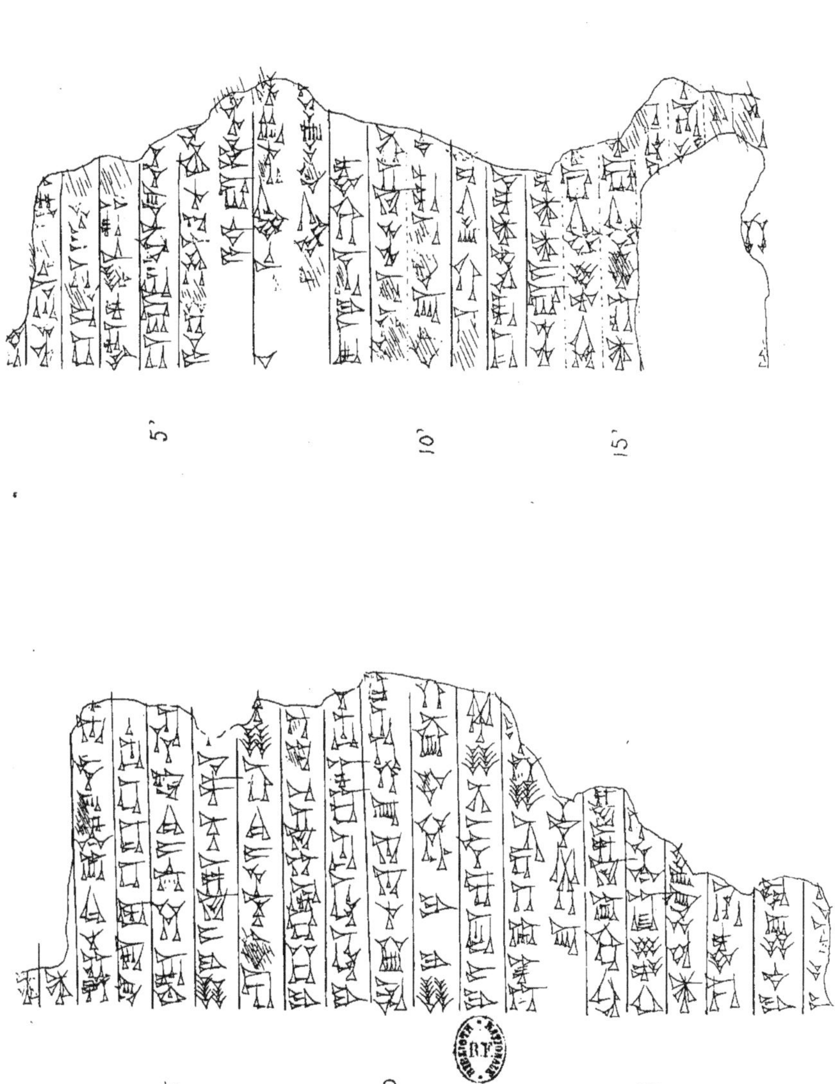
AO 5380 IV R
AO.5380. col III F

AO 5380 VI R.

AO 5380 V R

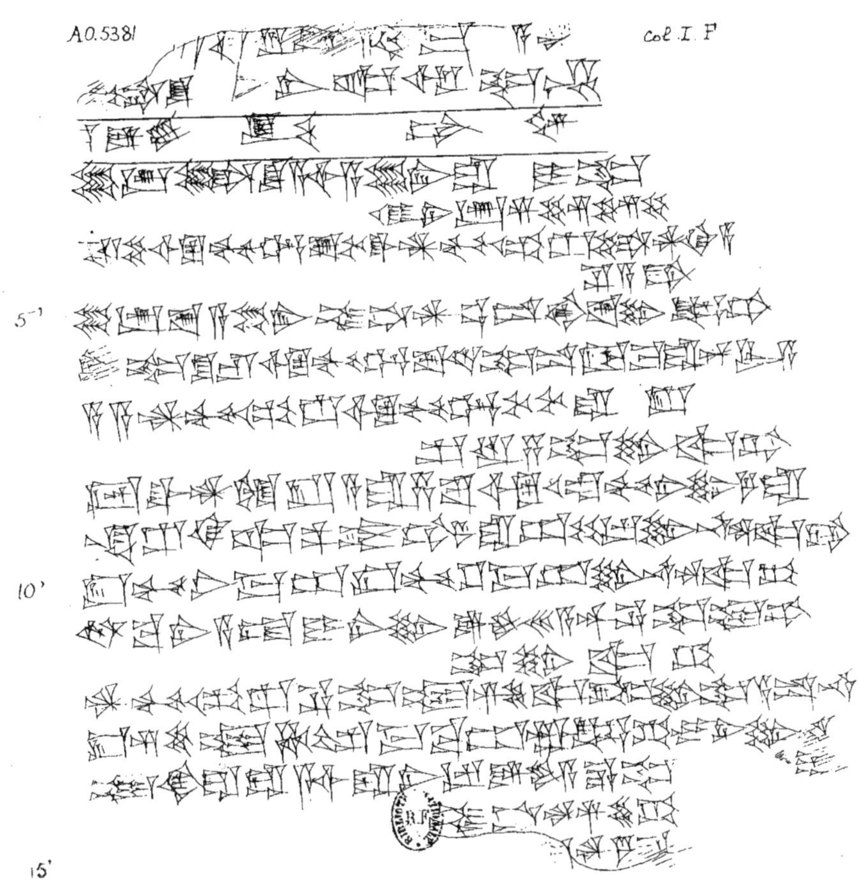
AO.5381
col. I. F

AO 5381 col. II. F

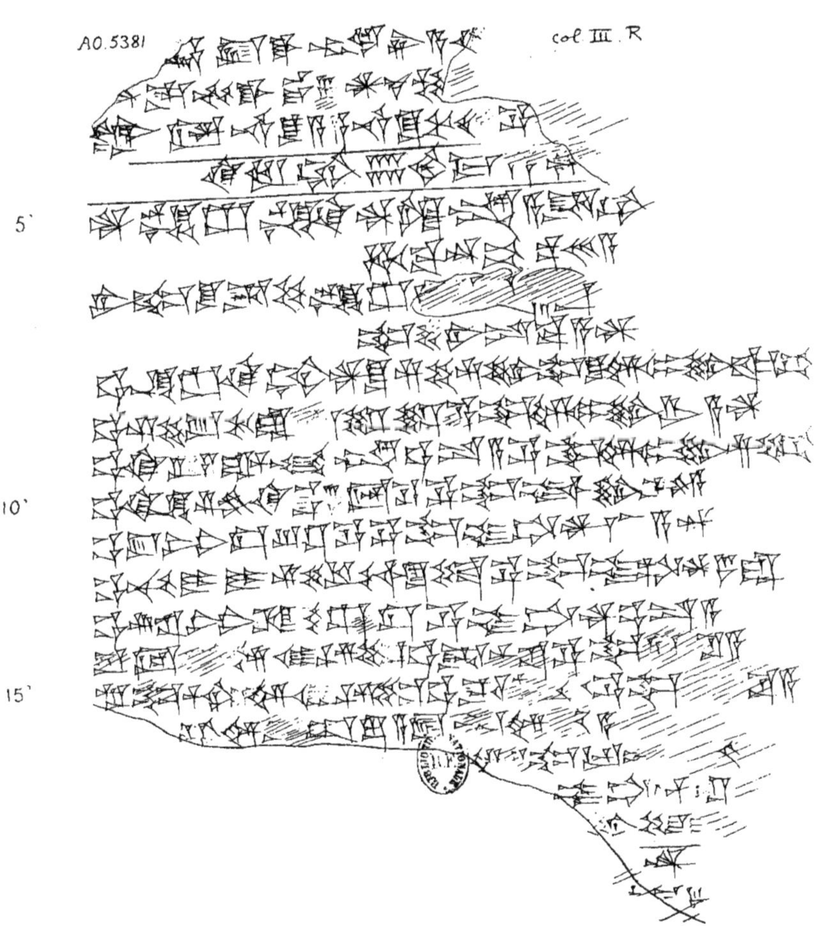
AO.5381
col III. R

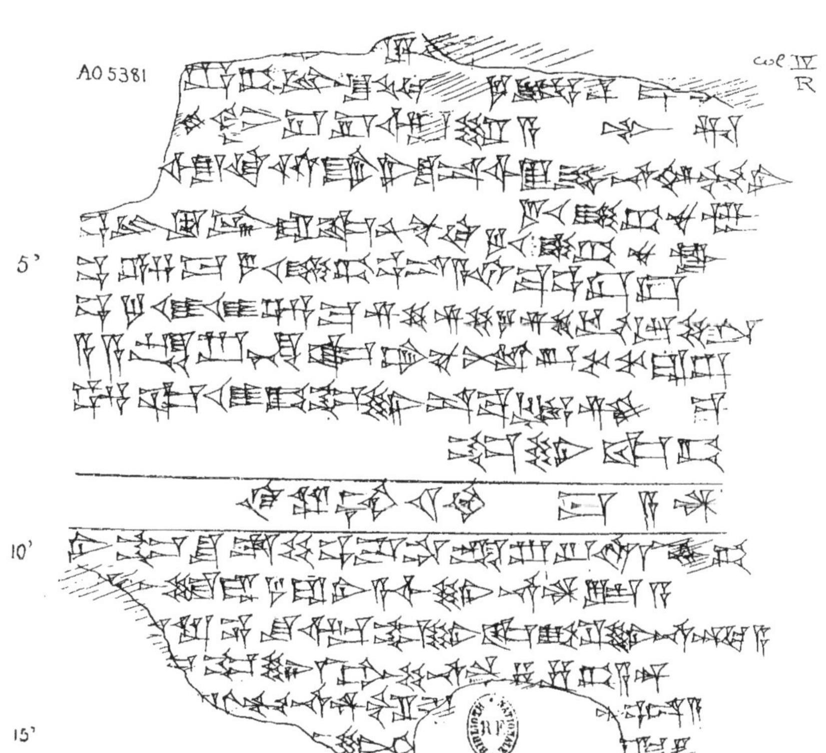
AO 5381
col IV
R

AO 5382 F

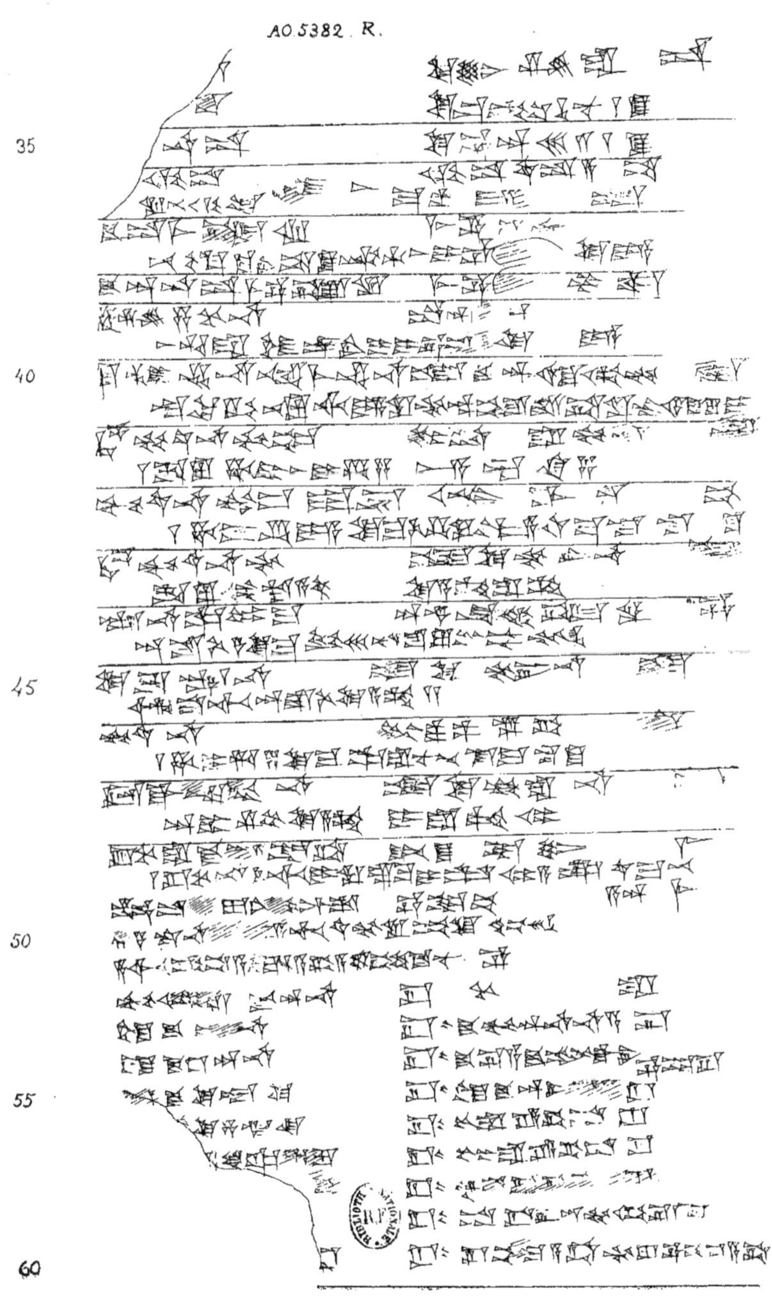
AO.5382. R.

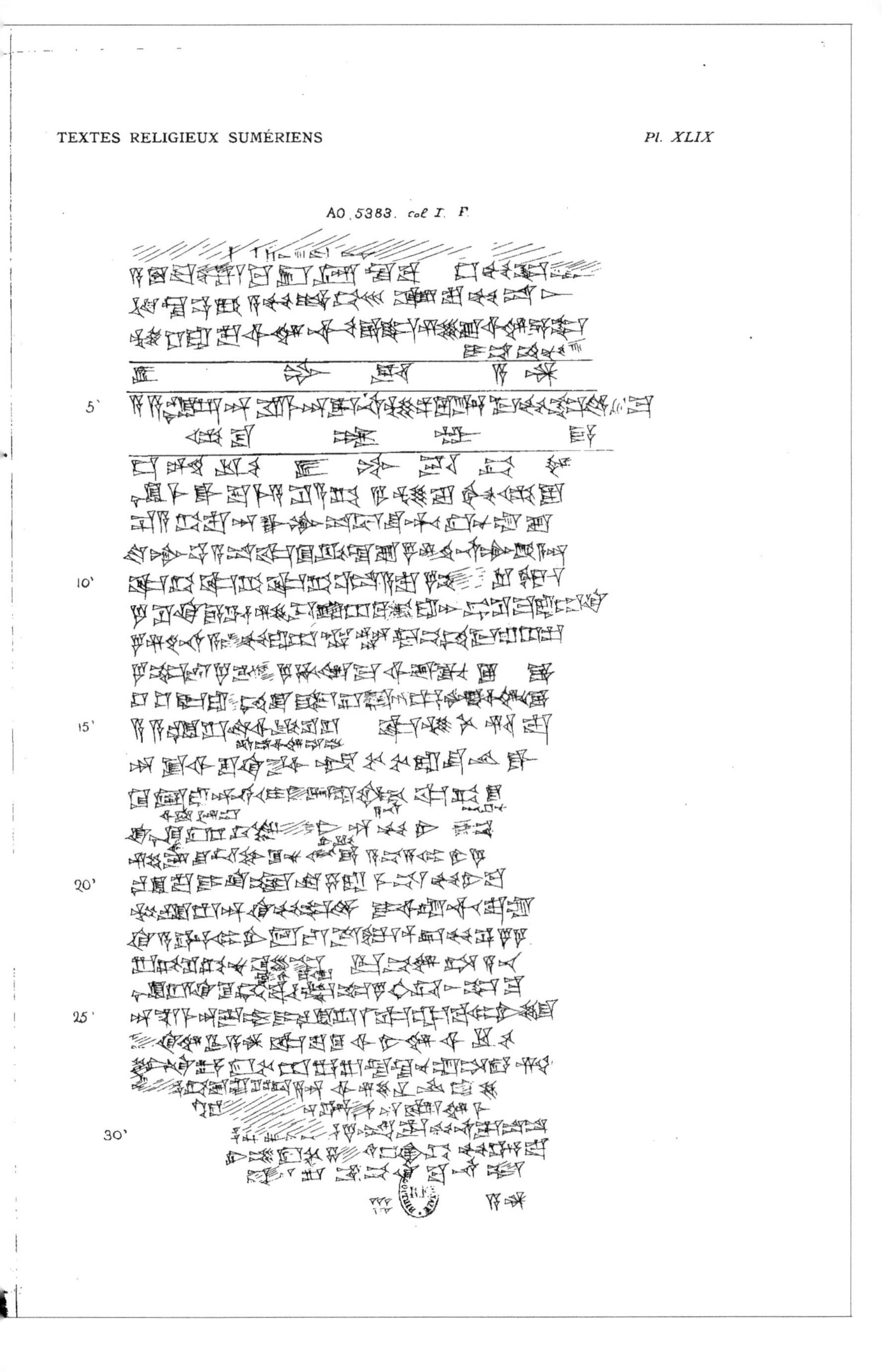

AO 5383. *col I. F.*

AO 5383. col. II F

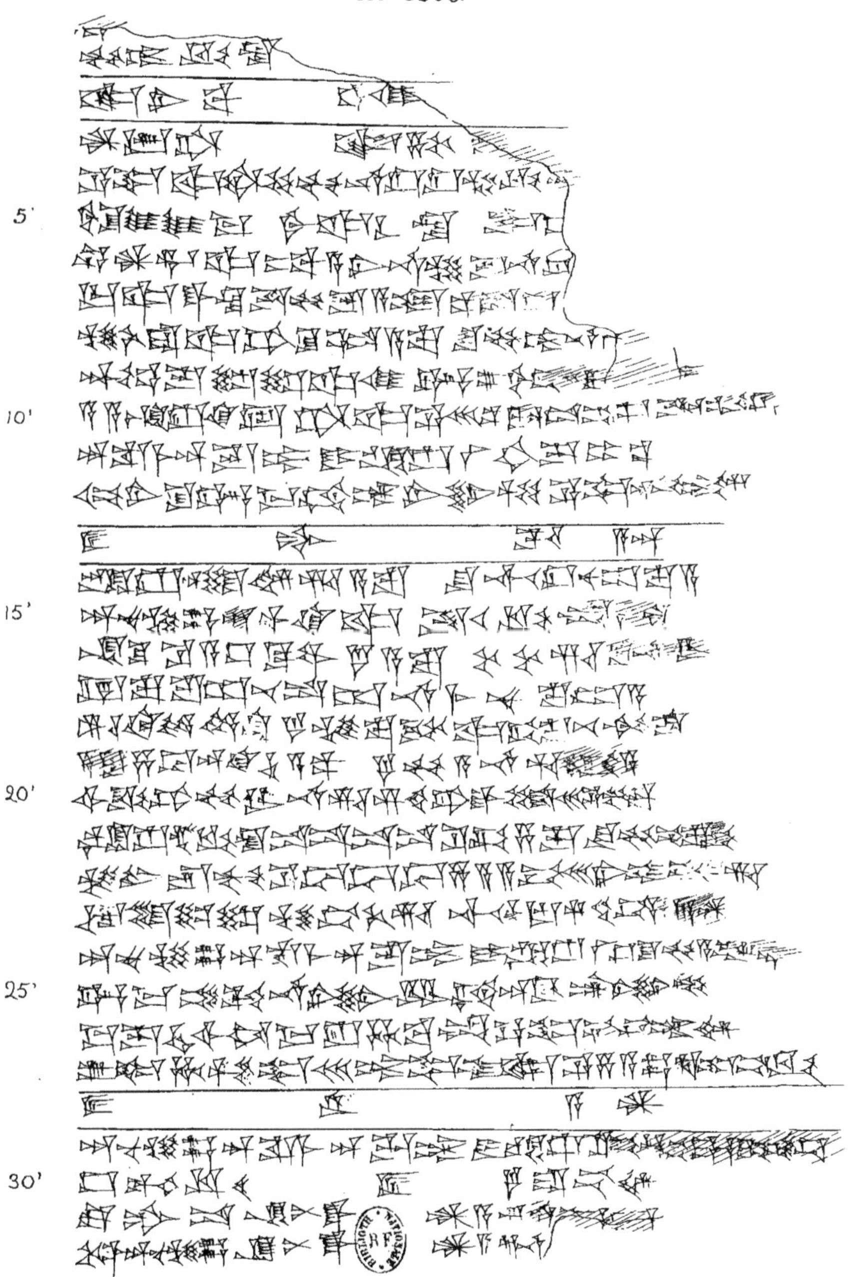

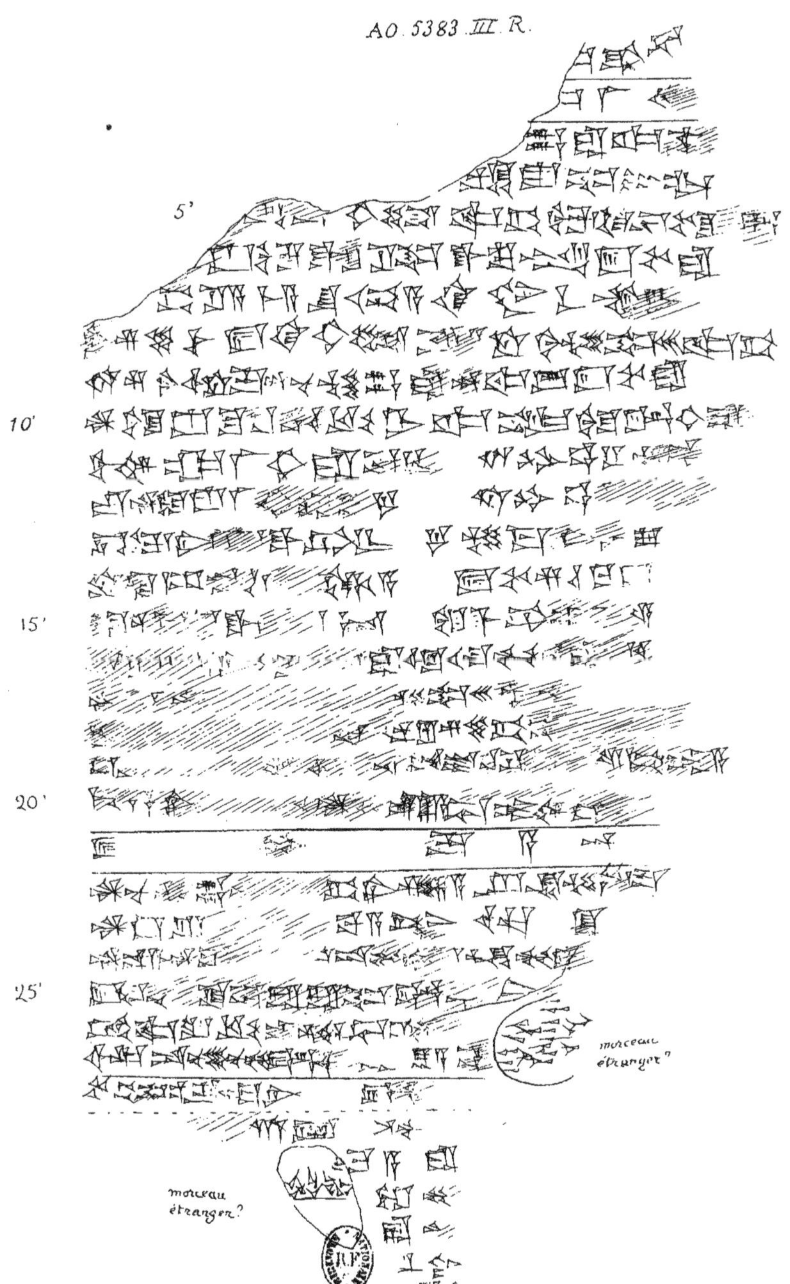
AO 5383 III R.
morceau étranger?
morceau étranger?

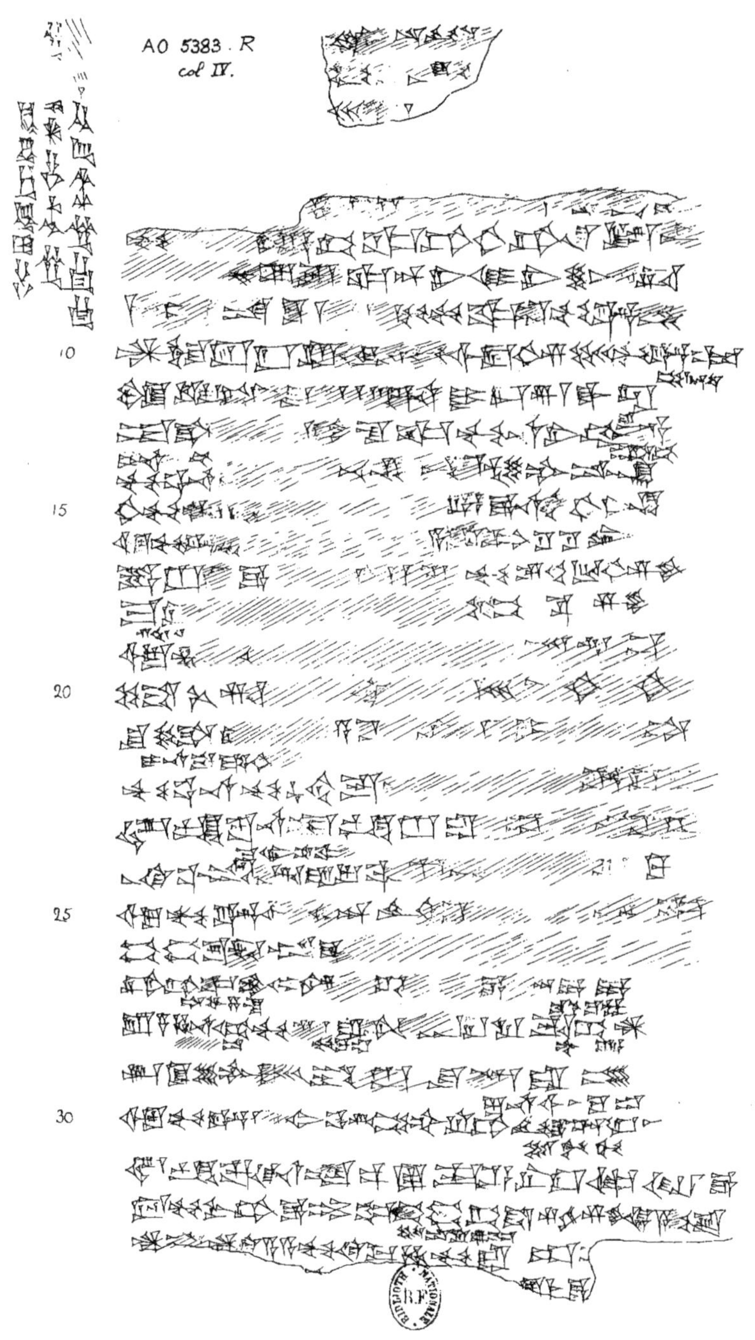
AO 5383 . R
col IV.

AO. 5384. *Face.*

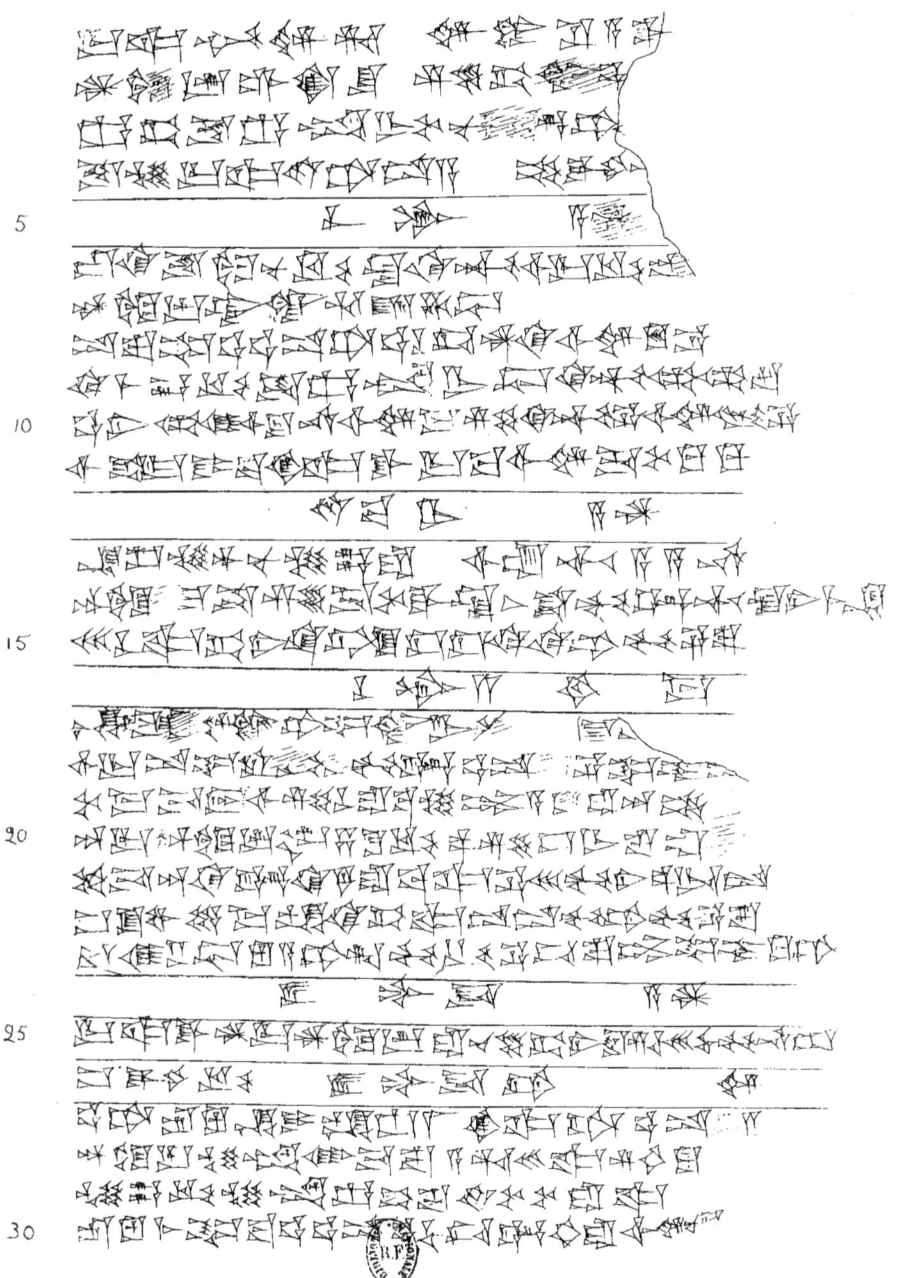

AO.5384.R

AO 5385 F

tranche

AO.5385. Revers.

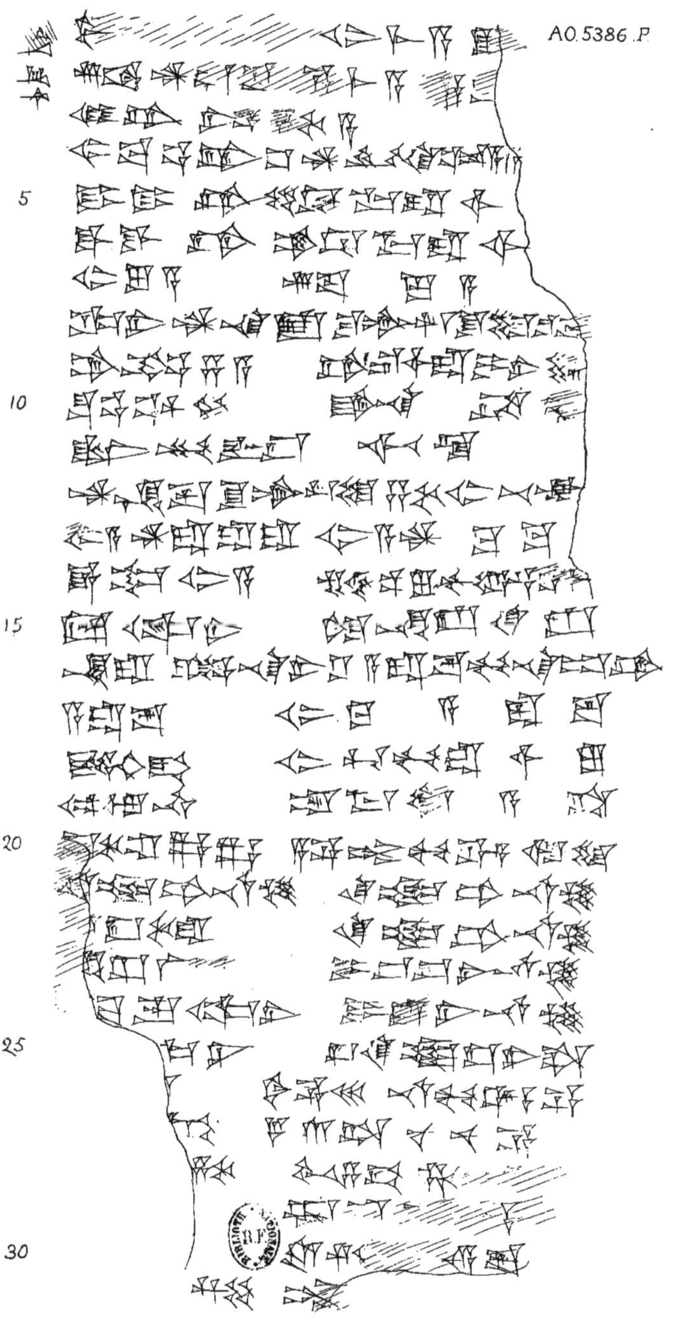
AO.5386.P

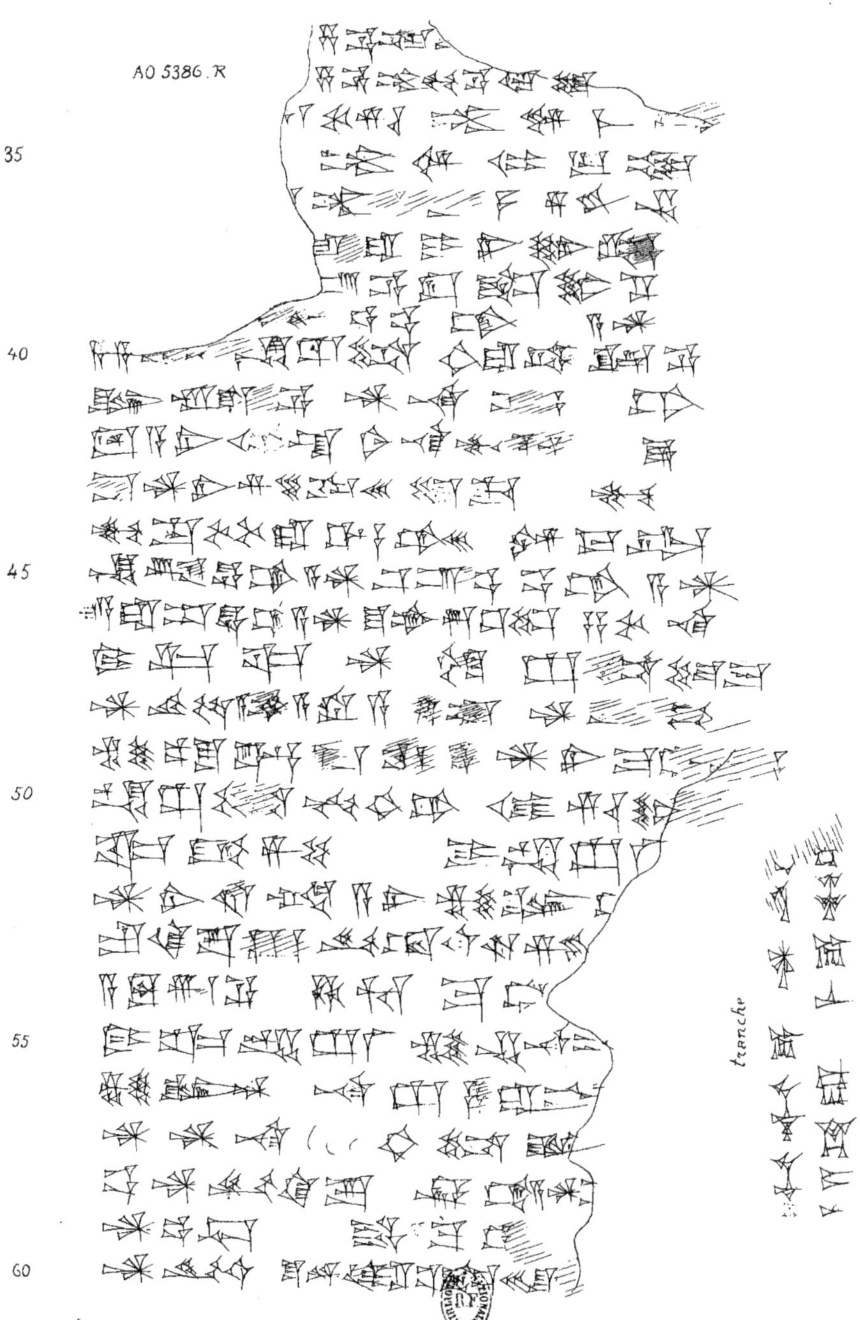
AO 5386 R
tranche

AO.5387. R.

AO.5387. F.

AO 5388 F.

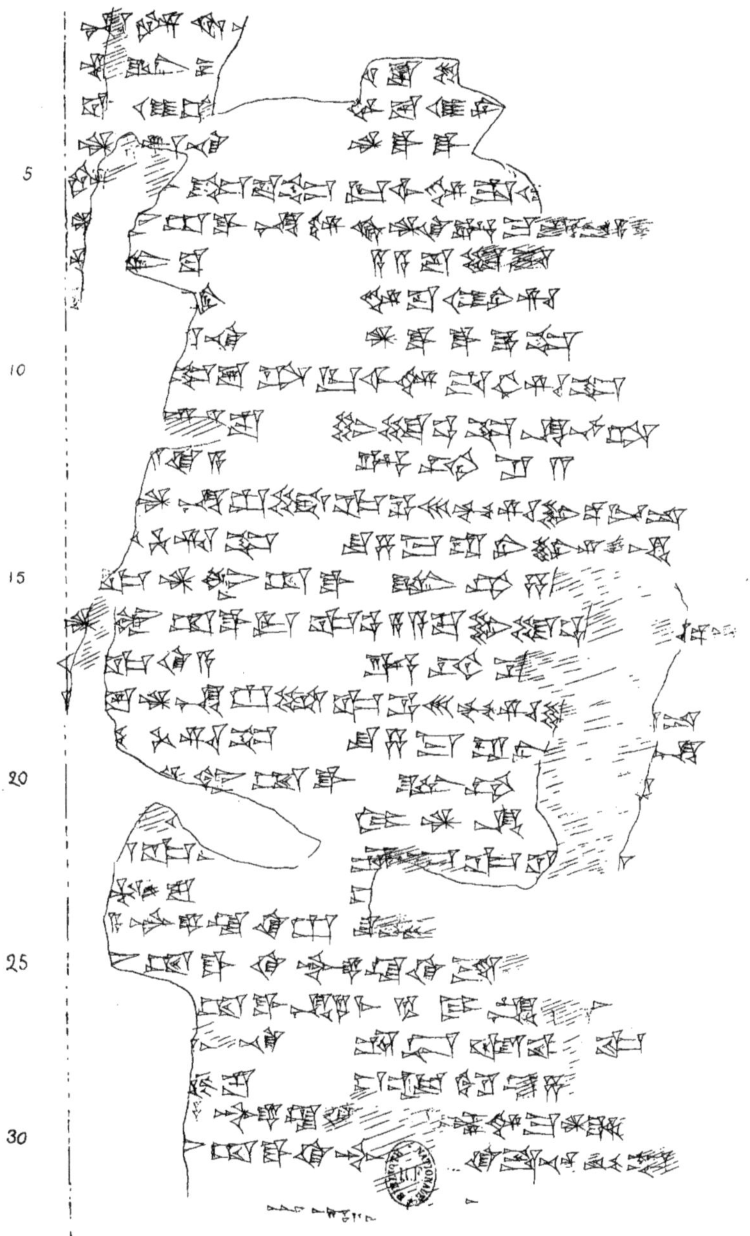

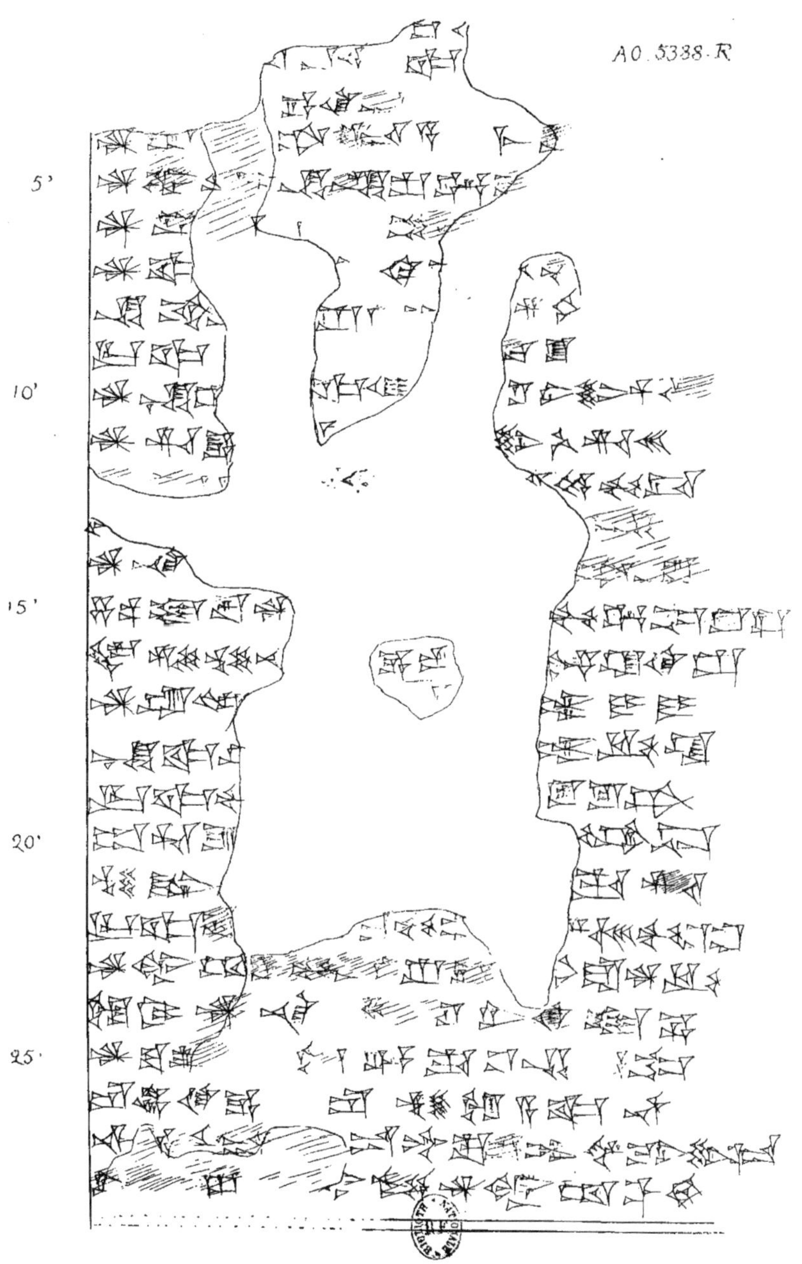
AO 5338 R

AO 5389 R

AO 5389 F

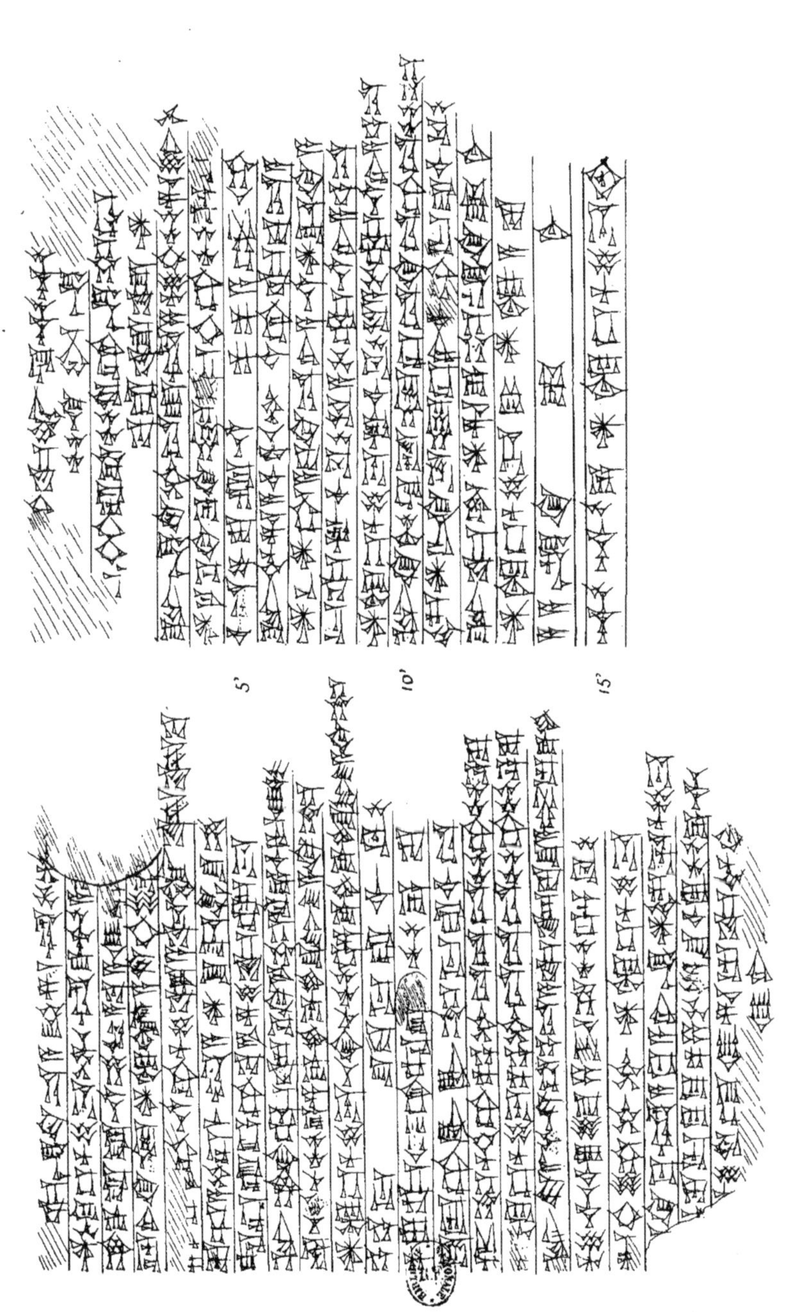
AO 5390 R.
AO 5390 F.

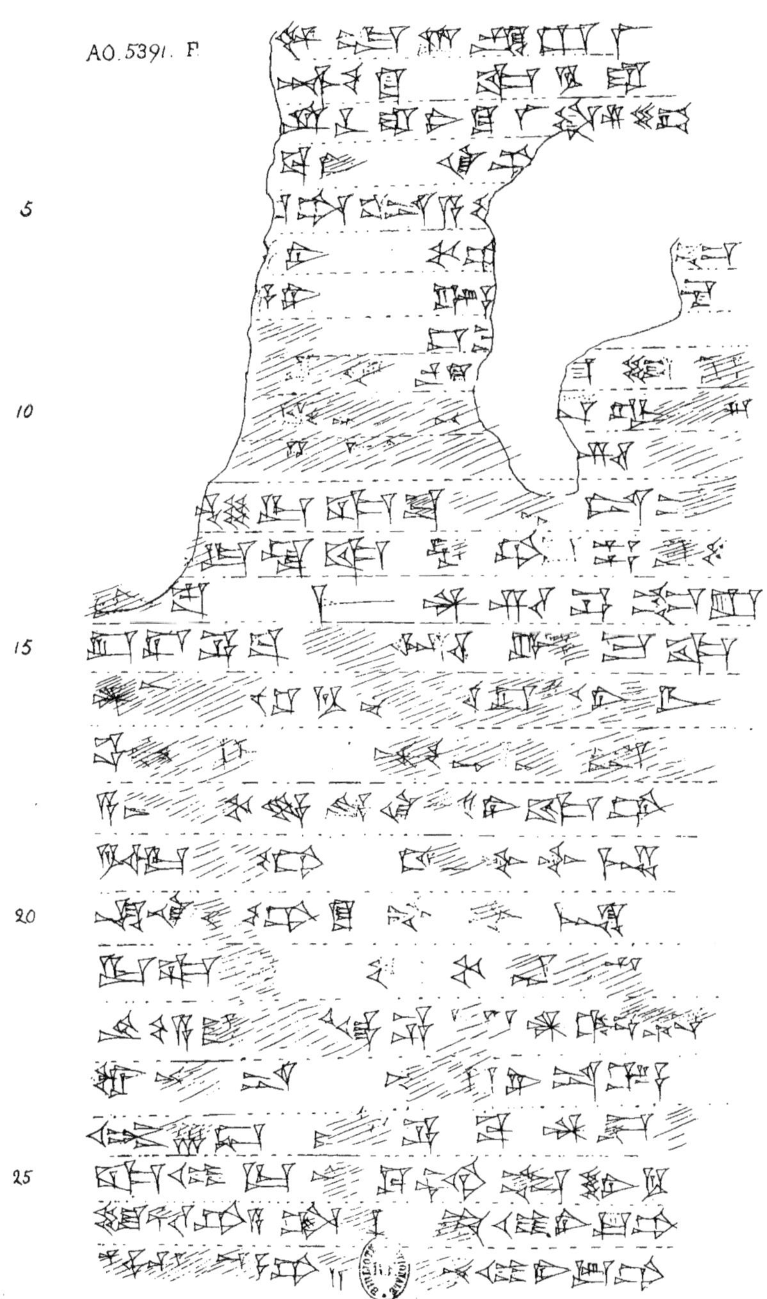
AO. 5391. F

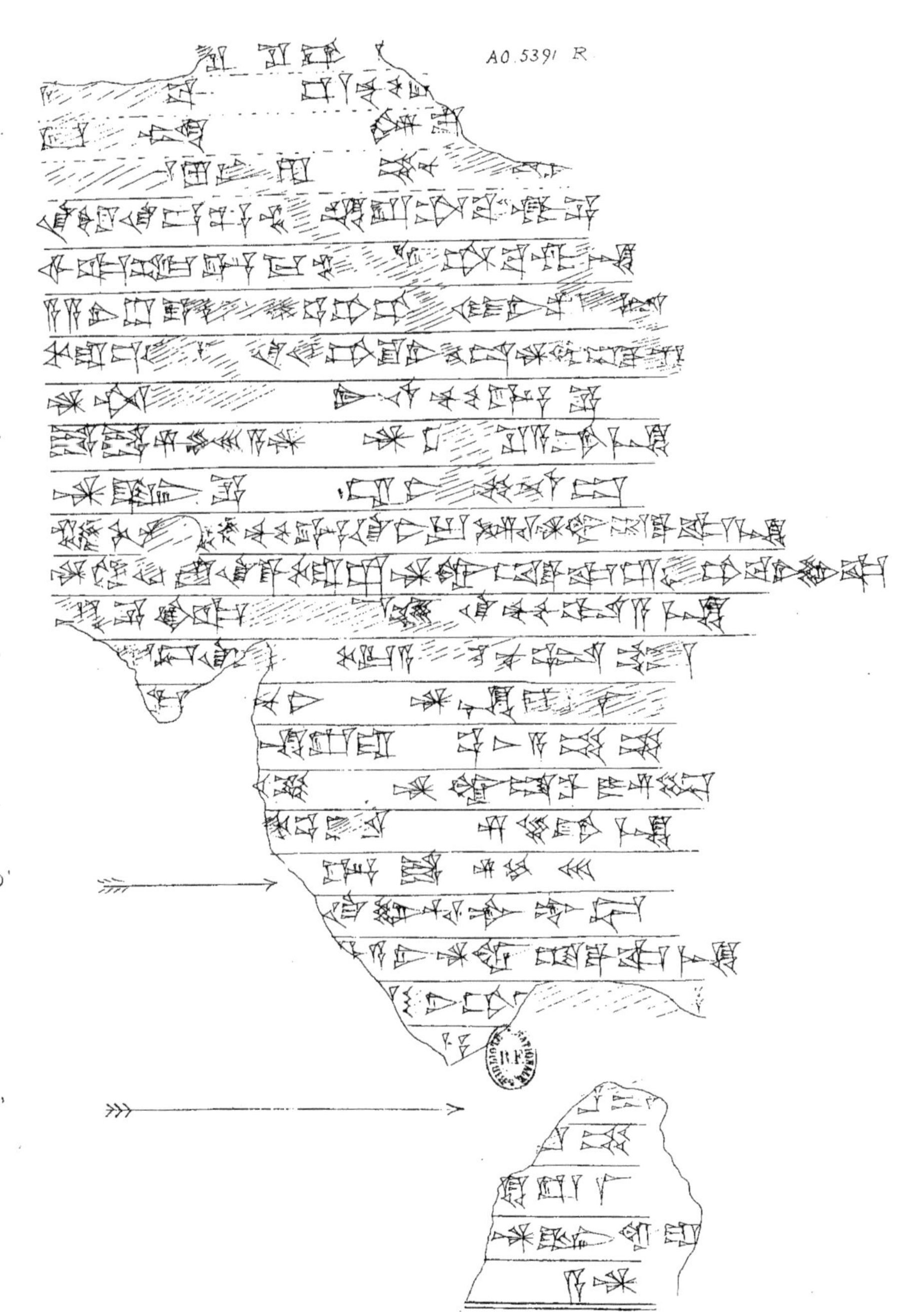
AO 5391 R

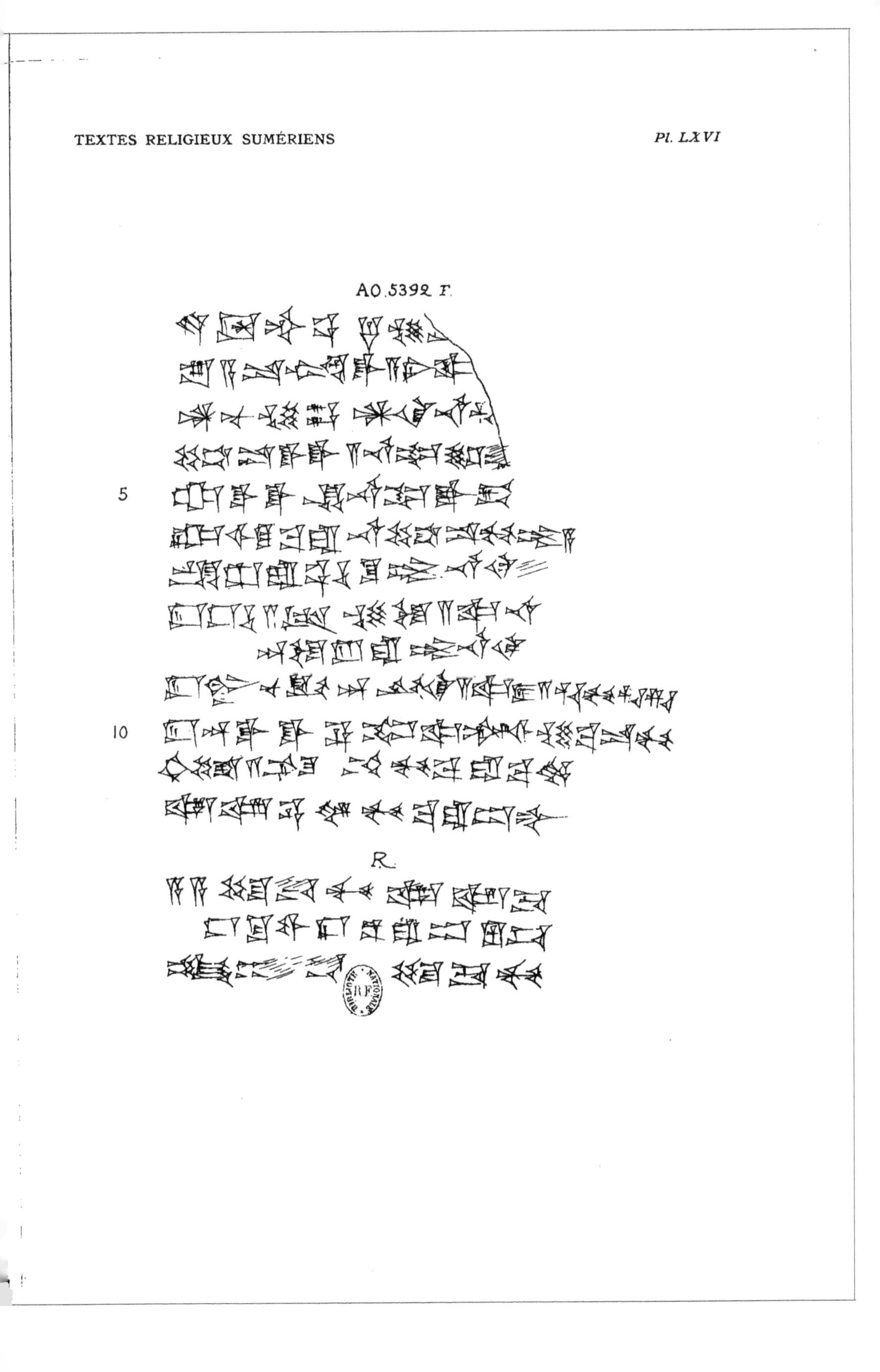

AO 5392 F.

R.

AO.5393

Face

col. II

col. III

AO 5394 Face

AO 5394 R.

AO. 5395 R

AO. 5395 F.

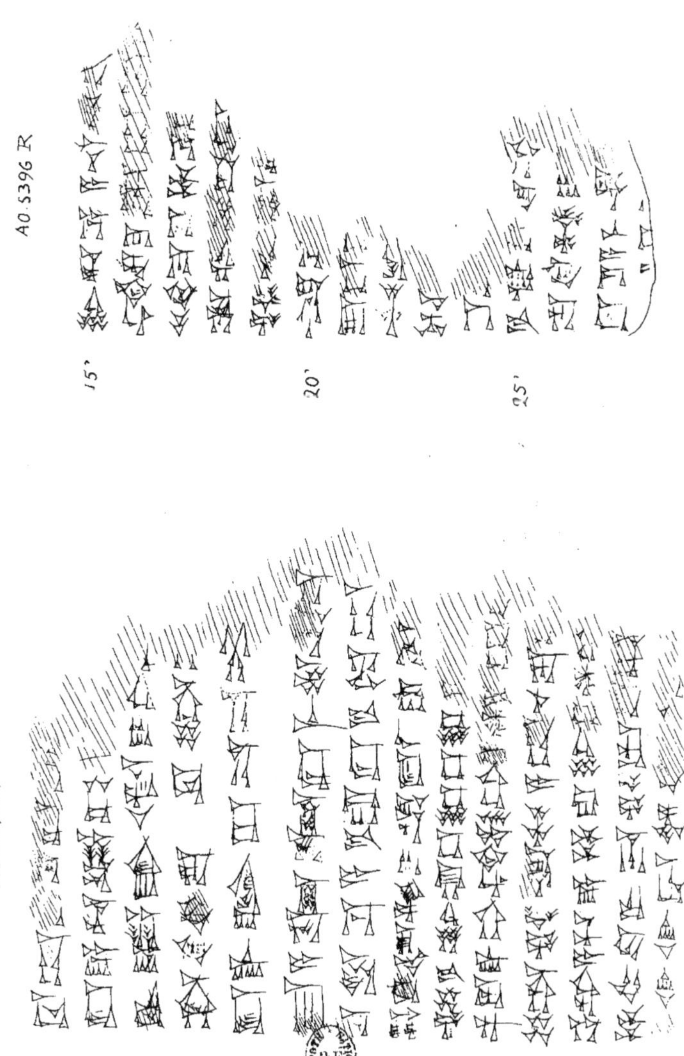
AO 5396 R
AO 5396 F

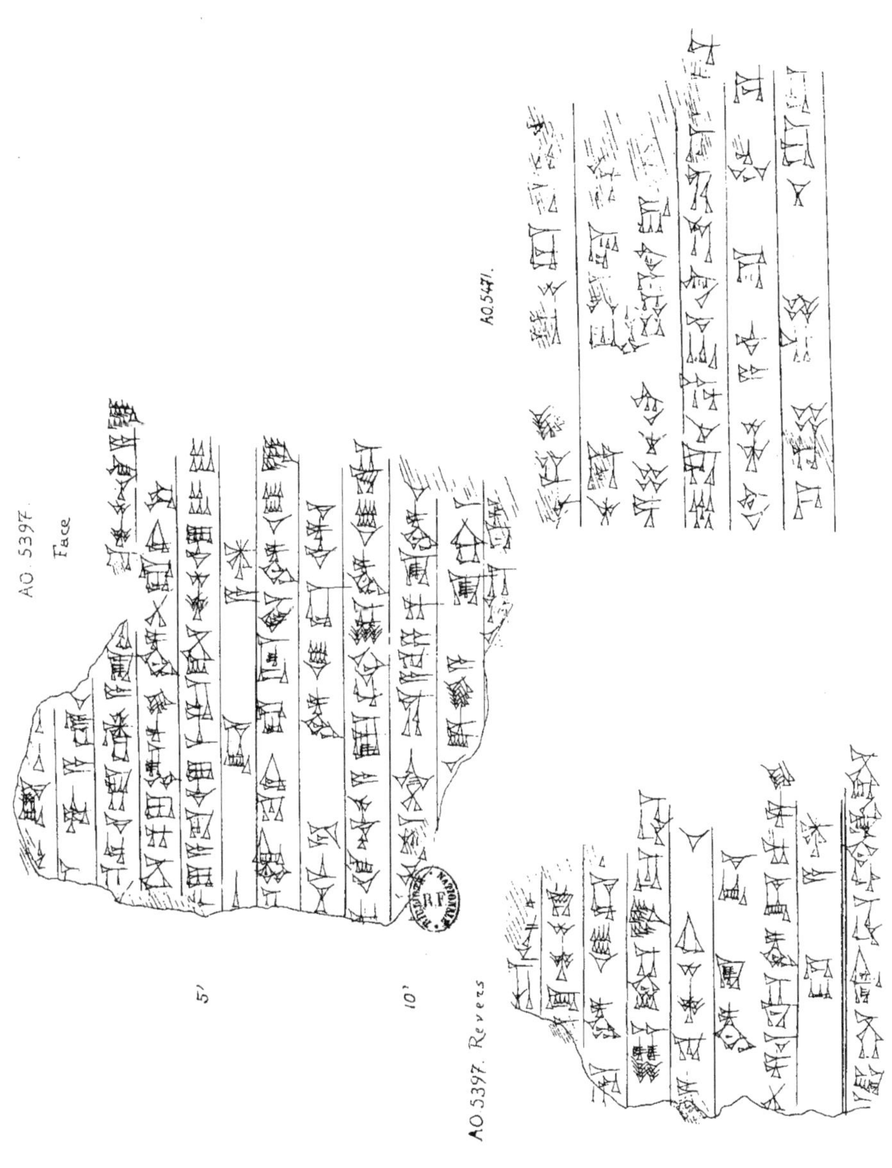
AO 5397. Face
AO 5471.
AO 5397. Revers

AO. 5473. I. F.

col. II.

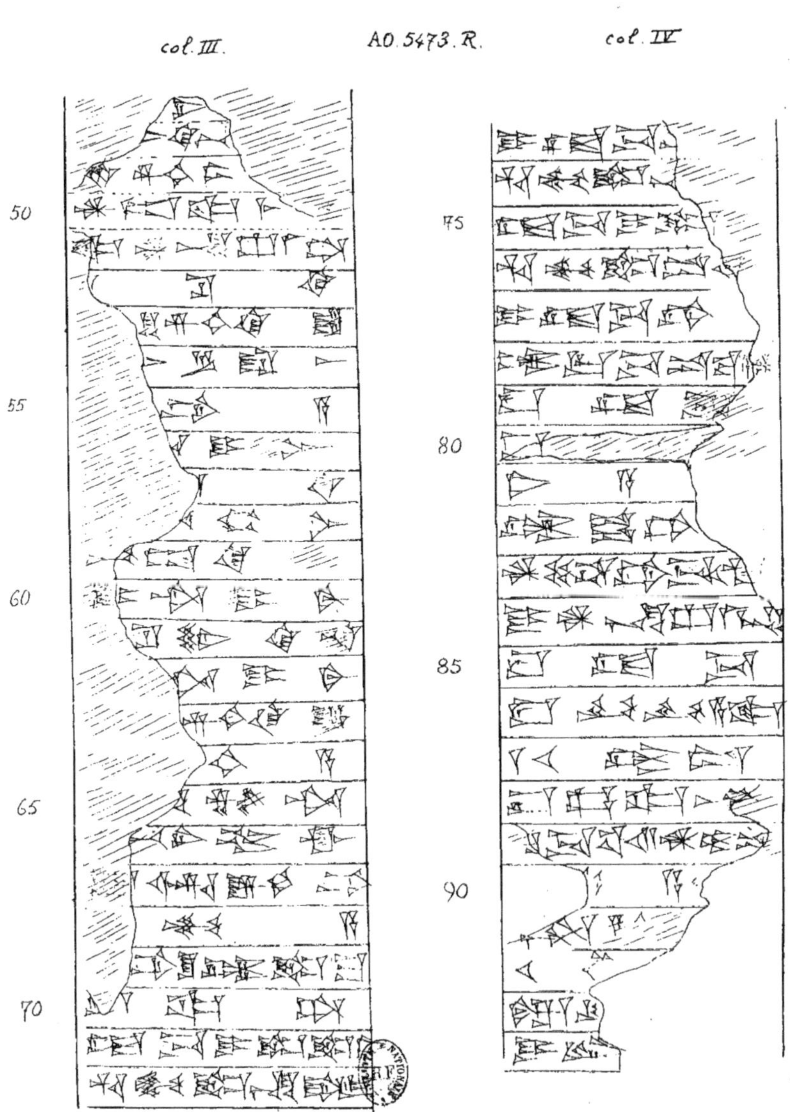
col. III.
AO. 5473. R.
col. IV

AO. 6019 F.

AO. 6019. R.

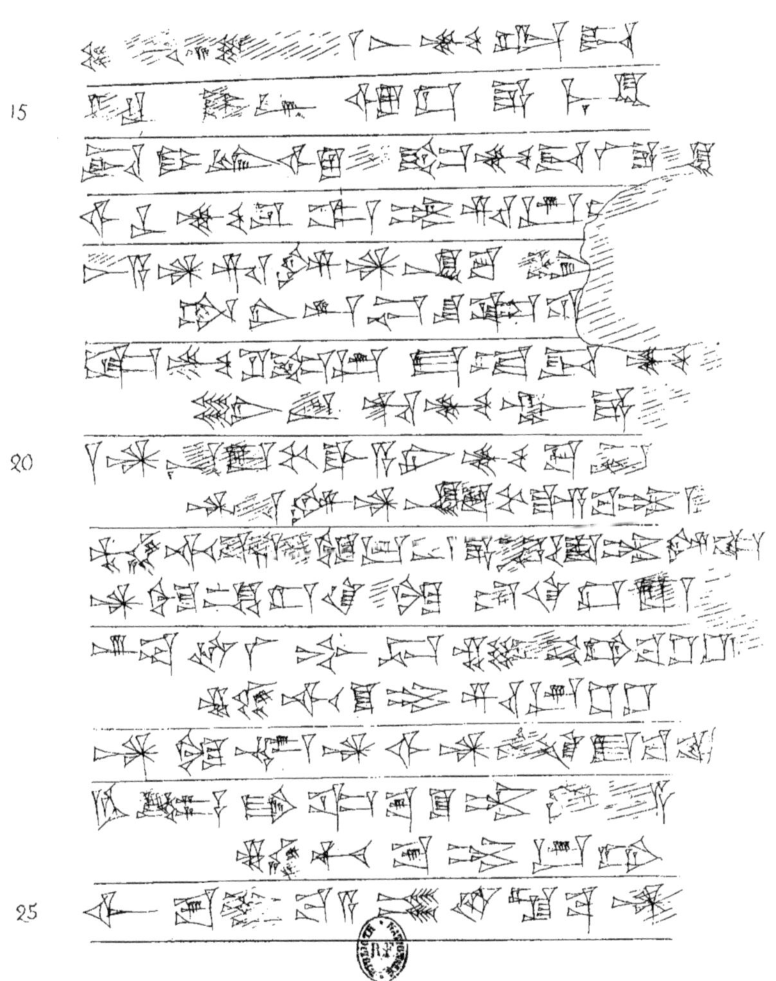

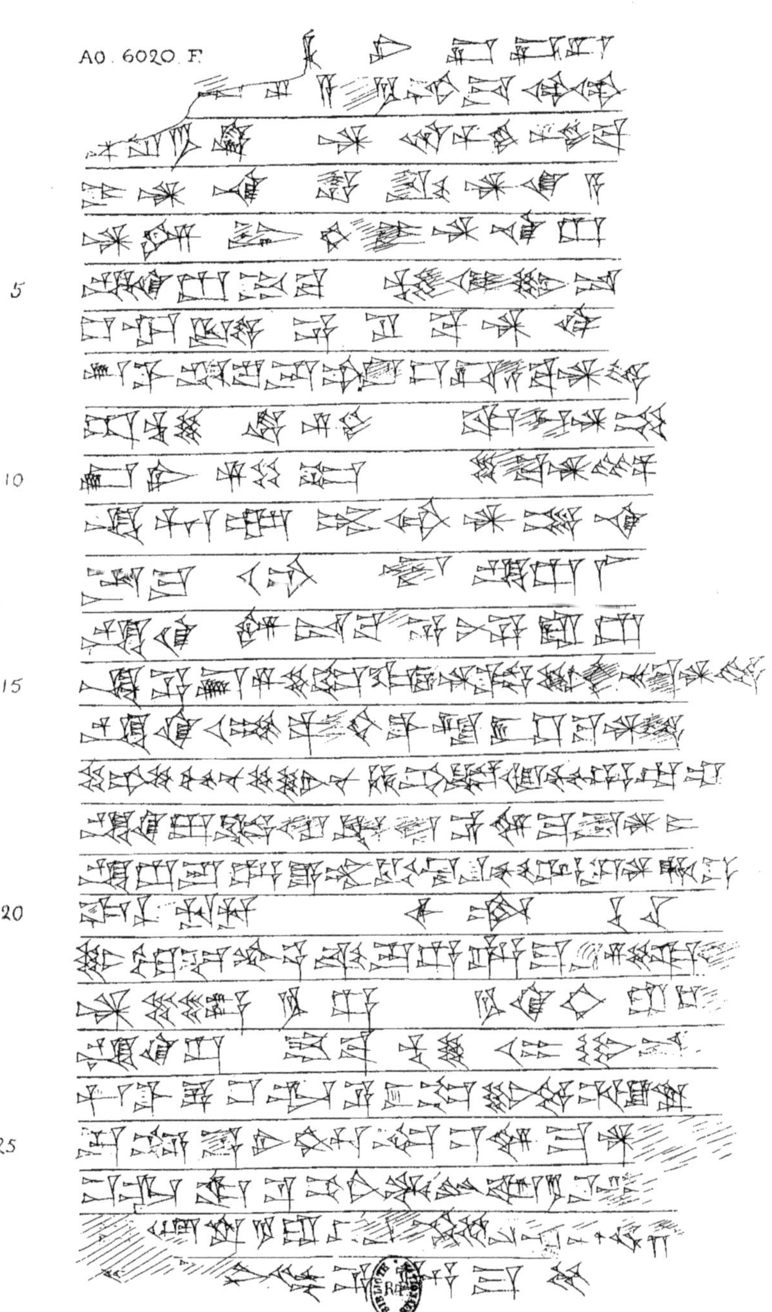
AO. 6020 F.

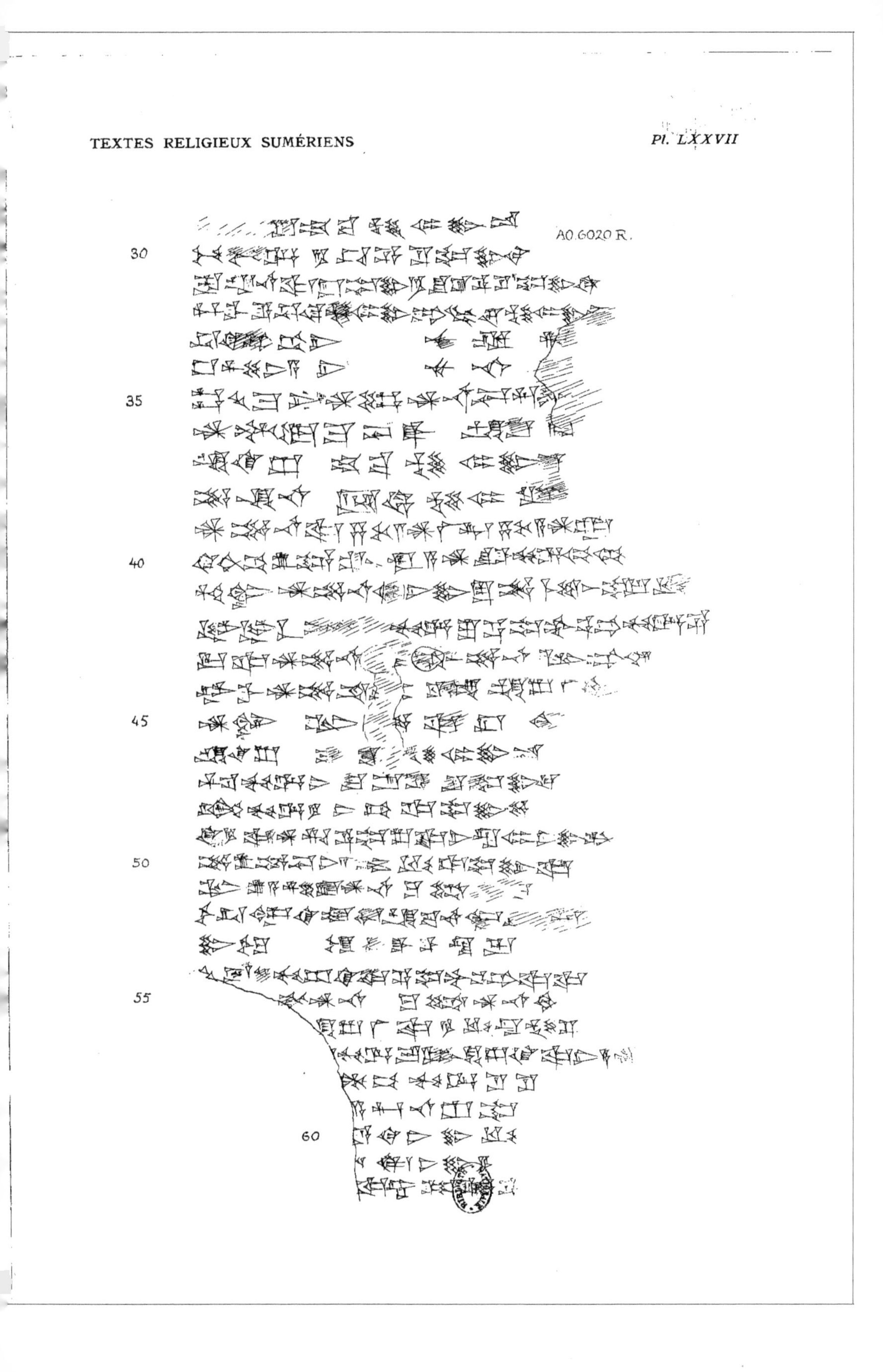

AO.6020 R.

AO. 6315. Revers seul.

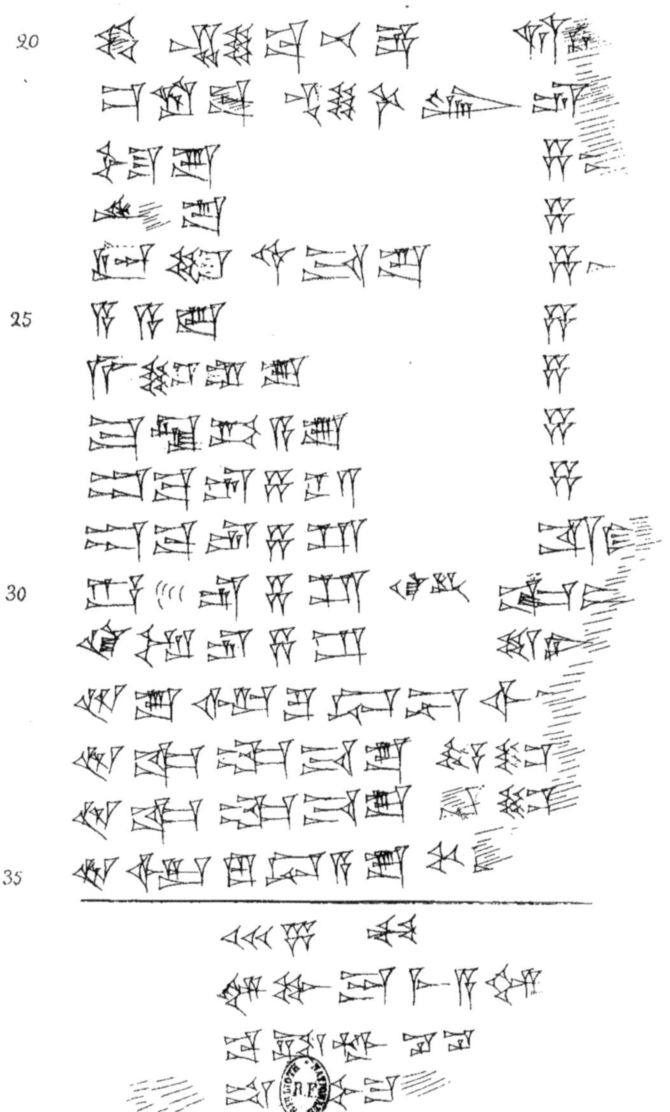

Revers

AO. 6316.

AO. 6330 F

AO 6330 R.

www.ingramcontent.com/pod-product-compliance
Ingram Content Group UK Ltd.
Pitfield, Milton Keynes, MK11 3LW, UK
UKHW022106260726
13993UKWH00001B/341

9 782329 181516